本気で痩せたい人のための

# メディカルダイエット


山 尚
yama Takashi

長谷田文孝
Haseda Fumitaka


Medical Weight Loss Programs :
The Best Way for a Successful Weight Loss

幻冬舎MC

# はじめに

今、この本を手に取ってくださっている方のほとんどは、過去にダイエットを試み、思うような結果が得られなかった苦い経験があるのではないかと思います。

食べたいものを我慢しても痩せない。エクササイズやヨガに挑戦しても体重の変化がみられない。ダイエットによって活力がなくなったり頭が働かなくなったりするだけでなく、肌荒れや便秘に悩まされるなど、健康を損ねてしまったという方もいるのではないでしょうか。

一時的に痩せてもしばらくすると元に戻り、さらに体重が増えてしまうケースはよくあります。なかなか結果が出ないストレスから、イライラを抑えるためにますます食べてしまうこともあります。これでは、かえってダイエットから遠ざかってしまいます。

何をしても痩せないと、「まだ頑張りが足りないのではないか」「やり方がまずいのではないか」と自己嫌悪に陥りがちです。しかし結果が出ない本当の原因はそこではなく、自分の意思ではどうにもならないホルモンが関係しているせいかもしれません。

ホルモンとは、体内の内分泌腺で作られる化学物質のことです。血液によって全身に送られ、身体の調子を整えます。約１００種類あるといわれるホルモンのなかには、食欲抑制に関わるものもあります。そのなかでも、近年「ＧＬＰ－１」という消化管ホルモンが注目を浴びています。この「ＧＬＰ－１」は、食事を摂ると小腸から分泌され、インスリンの分泌を促進する働きがあり、以前から日本でも、インスリン製剤とはまったく異なる注射薬「ＧＬＰ－１受容体作動薬」として、糖尿病の治療薬に応用されています。

「ＧＬＰ－１受容体作動薬」は、インスリン分泌に関わる以外に、消化管の動きを抑える働きや、脳の視床下部に働き掛け、食欲を抑える作用があることが知られています。そのため、米国などの海外では肥満症治療薬として承認され、広く用いられています。

実際、世界的な権威のある医学誌『The New England Journal of Medicine』では、ＧＬＰ－１受容体作動薬で治療を受けた非糖尿病の肥満患者が、約1年間で平均８kgも体重が減ったとの研究報告がされています。

このように「ＧＬＰ－１受容体作動薬」は、減量効果にエビデンスがあり、副作用も少ないため非常に安全に使用できるお薬なのですが、最近、この「ＧＬＰ－１受容体作動薬」について、少し残念なニュースが入ってきました。

その効能・効果を誇張気味に宣伝し、十分な指導や診察を行わないまま、ダイエットの道具として患者に送り付けるような不適切な処方を行う美容クリニックが横行し、厚生労働省や日本糖尿病学会から、適切使用を促すよう厳しい勧告が出されたのです。

そのような背景も踏まえ、私たちのダイエット専門クリニックでは、糖尿病専門医、総合内科専門医の指導のもと、専従の栄養エキスパートナースと連携しながら、ＧＬＰ－１受容体作動薬の適正使用はもちろん、ＨＩＦＥＭ（ハイフェム）という最新技術を採用した痩身医療機器を用い、医療を応用した「メディカルダイエット」を実践しています。

また、それに加えオーソモレキュラー（栄養療法）、コーチングをハイブリッドした新しいかたちのダイエット「オプティマルダイエット」を提唱し、現在、非常に多くの患者さんのダイエットに携わらせていただいています。

私たち医療者が介入するメディカルダイエットの特長は、パーソナルジムのように、厳しい食事制限やハードなトレーニングを強いられることもなく、エステよりも科学的根拠の確かな施術やお薬なども組み合わせることで、無理なく確実な減量が可能となることです。また、血液検査や血糖モニタリングを行いながら、病気の有無や栄養バランスをチェックするため、健康面での安全性の高さにも、ほかのダイエットに勝る点が多いと考えています。

そして、私たちの提唱する「オプティマルダイエット」は通常のメディカルダイエットの強みに加えて、治療期間が終了しても無理なく体重を維持するために、患者さん自身が食に対する意識や知識を深めつつダイエットコーチングを組み合わせることで、患者さん自身の力でリバウンドしにくい習慣づくりを身に付けられるよう、トータルにサポートしていくものです。

ダイエットで「医師の指導」なんて大げさ、なんだかハードルが高い、と思われるでしょうか。しかし「自己流でうまくいかなければ、プロに頼る」は世の王道。専門知識豊富な医師の指導を受けるほうが、貴重な人生の時間をダイエットに費やした揚げ句、手詰まりで思い悩んでしまうよりも効率良く解決でき、いち早く理想の身体を手に入れられるはずです。

そこで本書では、より多くの方にこのダイエットを知ってもらい、安心して取り組んでいただけるよう、メディカルダイエットの具体的な方法や従来のダイエットとの違いについて、できるだけ分かりやすく説明していきます。

メディカルダイエットによって、多くの人が自分の理想とする身体を手に入れ、健康で幸せな人生を送るための手助けができれば、これに勝る喜びはありません。

# 本気で痩せたい人のためのメディカルダイエット　目次

## ［第４章］　メディカルダイエットにおける筋肉運動と食事指導

［第5章］ダイエットのその先――人生を成功に導く魅力
メディカルダイエットこそ、最高の自己投資

［第1章］

# 何度トライしても ダイエットに失敗してしまう理由

## どうしてダイエットは失敗してしまうのか？

ダイエットは難しい。

街を見渡せば、おいしそうな食べ物を売っているお店がそこらじゅうに溢れ、テレビをつければ、食べ物の紹介番組が四六時中流れています。インターネットも例外ではありません。グルメ情報サイトに、個人のＳＮＳでも食べ物の写真が大量に投稿されています。最近では、家から一歩も出なくてもウーバーイーツなどのフードデリバリーサービスを利用すれば、スマホを操作するだけでさまざまな食事を家まで届けてもらえる世の中です。

こんなにそこかしこから食べ物の誘惑を受ける世の中では、ダイエットに失敗してしまう確率が高くなるのは当たり前です。そもそも「食」というのは、人間の三大欲求の一つ。これを我慢するなんてことは無茶な話なのです。

それでもダイエットしたいという人はあとを絶ちません。

引き締まったおなかに、すらりとした手足。身のこなしもきびきびとして、流行のファッションも決まる自分を「理想の自分」として渇望している。

あるいは、見た目だけではなく、身体が軽くなれば腰痛や膝痛、便秘などがなくなり、毎朝すっきり起きられて、健康診断の数値も良くなって……といった健康面での理想を持っている人もいるでしょう。

その気持ちはよく分かります。おいしいものを食べながら、美しい体型は維持したい。そして、健康な身体をいつまでも保っていたい。

そのためにはどうすればいいのか――。

インターネットで検索すると、ダイエットに関する情報はこれでもかというほど溢れています。多くの人はそのなかから、十分に正しい情報かどうかを吟味することなく、「○○を使って、○kg痩せた！」という宣伝に飛びついて、ダイエット商品やサプリメント、安易なダイエット法に手を出してしまいがちです。

この間はあの方法でダメだった。今度は○○ダイエットに挑戦しよう。

幾度となく失敗を乗り越え、「理想の自分」を求め、果てなきダイエットへの挑戦を続ける……と言えば格好良く聞こえますが、こうして人はまた「無限ダイエット地獄」にはまっていくのです。

## 「○○だけダイエット」では痩せられない

「無限ダイエット地獄」とは、私のつくった造語です。「○○だけダイエット」など、何かと新しいダイエットの手法が紹介されるたびに試してみては続かず、延々とダイエットを渡り歩く状態をいいます。

例えば、食事を何か一つの食品だけに置き換える方法。野菜だけ、ヨーグルトだけ、バナナだけといったように、それだけを食べるというシンプルさが受けているのかもしれません。

確かに「○○だけダイエット」のように、○○以外のものを全部摂取しなければ、手っ取り早く痩せられそうな気がするかもしれません。

しかし実際は、単純な「引き算」だけでは絶対にうまくいかないのが、ダイエットの難しいところなのです。

というのも、そもそも太っている人は、身体に必要な栄養素のなにもかもが過剰で、太った状態になっているわけではないのです。

例えば、私たちのクリニックの場合、ダイエットを希望する患者さんには初診時に採血を行い、その栄養状態を評価します。その検査結果を見てみると、太っている人は、とりわけ脂肪という栄養素が残念なくらい過剰になっているものの、それ以外の栄養素は、むしろ不足している傾向にあるのが分かります。つまり、太っている人の身体の構成は、過剰な栄養素と不足している栄養素が混在して、非常に「アンバランスな状態」なわけです。

不足している栄養素があることを十分考慮せず、「○○だけダイエット」を続けることは、そのアンバランスな状態に拍車をかけることになり、結果的にはデメリットが大きい割に、効果が低いダイエットになってしまいます。

しかし、当の本人は、そんなことにはまったく気づきません。

ただ、体重計に乗ってみて「思ったより効果が出なかった」という「結果」にのみ注目し、「このダイエットは私には合わなかったんだ」と思い込み、「次こそは自分に合ったダイエットに挑戦しよう」と意気込んで、また新しいダイエットを模索する……。

それこそが、「無限ダイエット地獄」です。

この本を読んでいただいている皆さんにも、そんな経験が過去にありませんでしょうか？

## 現代人は糖質中毒

日本糖尿病学会では、「カロリーの総摂取量を制限せずに、炭水化物（糖質）のみを極端に制限して減量を図ることは、長期的な食事療法の安全性などがはっきりしていないことから、現時点では勧められない」とコメントしています。

糖質制限の是非については、いまだ専門家の間で議論されています。糖質の過剰摂取が有害であることについては一定のコンセンサスは得られていますが、具体的にどの程度の糖質摂取が望ましいかは、今後科学的な検証が待たれることでしょう。

そのような議論はさておき、現代人の食生活が、糖質過多に陥りやすい傾向にあることは間違いありません。

実際、コンビニに行けば、おにぎり、サンドイッチにスナック菓子、パスタ……おいしそうなデザートも並んでいます。

街を歩けば、うどん、そば、ラーメン、牛丼にハンバーガーにタピオカ、コンビニもファストフード店も、手軽に糖質が手に入る環境になっており、現代人の生活環境そのものがそもそも糖質過多を助長する傾向にあるのです。

我々が、健康的で当たり前と思っている食事バランスも、厚生労働省の指針などが理想のバランスと信じられてきましたが、実はそれが、糖質に偏り、太りやすい原因にもなっていると私は考えています。

私たちは糖質過多に慣れ過ぎた「当たり前」の食生活を、変えていく必要があります。

糖質は私たちにとって安価で容易に手に入るエネルギー源ですが、糖質には依存性、中毒性があるといわれています。普段からこんなにもたくさんの糖質を口にできる機会がある現代人は、知らず知らずのうちに糖質中毒、糖質依存症となっている可能性があるのです。

そんな状態で厳格な糖質制限をしても、なかなか継続できません。

実際に、私たちのクリニックに相談に来られる方には「糖質制限ダイエットをしたが、うまくいかなかった」という声も多いのです。

しかし、減量を望むのなら、この「糖質制限」という考え方や方向性自体は間違っていないことがほとんどです。

にもかかわらずうまくいかなかったのは、何かほかにも理由があるはずで、それをよく考える必要があります。

## ダイエットは「引き算」よりも「足し算」が重要

ダイエットをする際、「○○を抜こう」など、ついつい「引き算」することばかりを考えてしまいがちです。

しかし、先述したように、太っている人はすべての栄養素が過剰なのではなく、過剰な栄養素と不足している栄養素が混在しているアンバランスな状態なのです。このアンバランスな状態から引き算ばかりを続けては、答えはどんどんマイナスに傾いていってしまいます。

ダイエットで目指すべき数値目標は、「できる限りの最小値」を叩き出すことではありません。もし最小値を目指すとなると、極端にいえば、結果的に骨と皮だけの状態になってしまいます。

皆さんは、そんな状態を理想としてダイエットに励んでいるのでしょうか？　もちろん、違いますよね（笑）。

すべての人にとって、ダイエットで目指すべき目標は「最小値」ではなく、「最適な状態」です。

それはもう少し具体的にいうと、身体が正常で円滑に機能するために、諸臓器・組織・細胞の機能と代謝が適切に維持されている状態です。そして、その正常な身体機能を支える土台には、必要十分な筋肉量と丈夫な骨が存在し、そのうえで過剰な脂肪がない状態と言い換えることができるでしょう。

この「最適な状態」について、何をどう評価して判断するかは、個人の状態によっても変わってきます。ですので、具体的に何kgという体重だけで評価するのは、正直にいうと非常に難しいため、いろいろな角度からその人の状態を判断する必要があります。例えば、後述する体組成計を使ったり、血液検査を施行したりしながら、その人に合った「最適な状態」がどういうものなのか、総合的に判断していくことが求められます。

なお、この「最適な状態」であるかどうかを評価する際には、筋肉や骨など、決して不足してはいけない構成要素があることに注意しなければなりません。つまり、過剰な引き算をしてはいけない要素、むしろ足し算を加えて補充が必要な要素も含まれているというわけです。

となると、ダイエットの前提がそもそもアンバランスな状態からのスタートなのに、そこからさらにこの「最適化」を目指すには、あるものは引き算を、またあるものは足し算をしながら「過不足なくバランスを整えていく」必要があります。

要は、ダイエットをするうえで皆さんに肝に銘じてほしいのは、単純な引き算だけを考えればよいわけではなく、必ずどこかに足し算を加える必要があるのだ、ということです。そして、「何をどれだけ足していくか」を、しっかり分かっておかないと、「最適な状態」に導くことは不可能なのです。

この「足し算」の必要性と複雑さ。それこそがダイエットという方程式の、最大の難しさなのです。

## 自己流ダイエットが失敗する4つの理由

私は2019年10月にダイエット専門のクリニックを開院して以来、老若男女を問わず多くの患者さんを診ていますが、ダイエットに関する悩みを抱えている人は非常に多いです。

本当によくダイエットについて調べている方も多く来院されますが、真偽はともかく、その情報は多種多様です。1日にリンゴ1個しか食べない、糖質を徹底的にカットする、3食とも野菜スープだけ……。なかには私も聞いたことがないような、海外のサプリメントの名前をたくさん並べる方もいらっしゃいます。

そしてほとんどの方が、一つの方法だけで痩せようとしたのではなく、二つ、三つ、なかには手あたり次第、本人も覚えていないほどいくつもの方法にトライしては挫折する……ということを繰り返しています。

思っていたほど痩せなかった。やめたらあっという間にリバウンドしてしまった。あれほど我慢したのに……。

なぜこれほどまでにダイエットに真摯に向き合っているのに痩せられないのか。私は診察をするなかで、多くの人が自己流でやったダイエットが失敗する共通の原因は、主に次の4つだと考えています。

## 理由① 自分の現在地を知らない

もし、あなたがこれからどこかに行きたい場所があったとき、まず何をしますか？

おそらく、Googleなどで目的地を検索するでしょう。

では、目的地の場所が分かったとします。GPS機能のあるスマホさえあれば「現在地」から「目的地」までのルートが自動で示されるので、さほど迷うことなく到着できるでしょう。

ですが、GPS機能が付いていなければ、どうしますか？

GPS機能が付いていないのであれば、まずは「今、自分がどこにいるのか」、自身の「現在地」を知る必要があります。

これは、ダイエットにもいえることです。

仮に、あなた自身はダイエットのゴールである「理想の自分」という目的地がどこにあるのかが分かっていたとします。ところが、いざこれからゴールに向けてダイエットを始めようと思っても、現在の自分の身体がどんな状態なのか、つまり自分が今どこにいるのかという「現在地」が分かっていなければ、そもそも正しい方向に向かってスタートすることすらできません。

あなたが今分かっているのは、現在の体重という数字と、ぷよぷよしたおなか周りのぜい肉がたくさん付いているという残念な外見だけです。

ここから足し算と引き算を組み合わせながら、複雑なダイエットという方程式に挑戦し、目指すゴールにたどり着くために、まず知っておかないといけない自分の「現在地」を特定するには、あまりに情報が少な過ぎるのです。

現在地がどこなのかをあいまいにしたままスタートしてしまうと、結局ゴールにたどり着くまでに無駄に時間やお金がかかったり、遠回りをすることにもなりかねません。

これからダイエットに取り組もうと思っているのであれば、不用意にスタートせず、まずは現在、自身の身体がどんな状態なのか、体組成計や血液検査などを駆使し、体重以外の数字も含めて、「現在地」の情報をより正確に把握することです。
目的地に向かって歩みを進めるのは、それからです。

## 理由②「引き算」ばかりで「足し算」ができない

先ほども言ったように、自己流のダイエットの多くは「引き算」だけで考えてしまいがちですが、実際にはむしろ「足し算」のほうが重要です。

そもそも「引き算だけ」という発想自体が、ダイエットを失敗につなげる大きな要因です。というのも、引き算を中心に考えると、「あれもダメ、これも避けて、それも控えよう」と、結果的に我慢と忍耐を自身に強いて、自分を追い込むネガティブな心理が働くからです。

そんなのって、やっていて楽しいですか？

そんなのって、いつまでも続けられますか？

ダイエットの本質とは、日々の食事に向き合うことです。私たちの身体は、日々食べている物で形づくられているのですから。

自分の身体をつくってくれる大切な食事に対して、ネガティブな気持ちばかり持っている人に、本当に健康で美しい身体を手に入れることができるでしょうか？　できたとしても、それは一時的なものだったり、表面的なものに過ぎなかったりして、きっと長くは続かないでしょう。

一方で、ダイエットの「足し算」は、自身の身体をつくるのに必要な要素を、ポジティブに受け入れていくことでもあります。

そうやって、自分が積極的に摂った食事が、自身の理想のボディの一部になっていくと考えただけでも、無理なく続けられるような気がしませんか？

「引き算」と「足し算」の考え方は、そういう心理的な側面からも、ダイエットを長期的に継続していけるかどうかに影響を及ぼすと、私は考えています。

ダイエットは、むしろ「足し算」を中心に考えていくことが、成功の秘訣といっても過言ではありません。

もちろん、「何をどれだけ足せばよいか？」がとても難しいのですが、これも自己流になってはいけません。

それこそ十分な知識がないまま自己流に頼ると、コンパスを持たないまま一人で道を闇雲に突き進むようなものです。この「足し算」の加減やあんばいについては、栄養に関するそれなりの知識が必要です。分からなければ、医師や栄養の専門家に相談しつつ、定期的に血液検査などを行い、それを「道標」としながら、ゴールを目指していくのがよいでしょう。

## 理由③「体重」にこだわり過ぎる

ダイエットをしようとするほとんどの人は、「△△までに、○kg痩せよう」という目標を立てます。一見、具体的な目標があってよいのでは、と思いますが、実はそれ自体にも大きな落とし穴が潜んでいます。

一般的にダイエットとは、「体重を減らしたり、身体を細くしたりすること」というニュアンスでとらえられがちです。

そのため、多くの人は、ダイエット期間中に、体重がどれくらい落ちたかが気になって仕方ない、というのが普通だったりします。

ですが、そもそもあなたは、いったいなんのためにダイエットをするのでしょうか？

きっと、昔はいていたジーンズをはきたいとか、夏に向けてキレイになりたいとか、あるいはメタボを健診で指摘されてしまった、などさまざまな背景やきっかけがあり、ダイエットに取り組むケースが多いかと思います。

そのようにダイエットを始めようと思い立った背景を、個々にもう少し掘り下げて聞いてみると、実はほぼ共通した答えにたどり着きます。

というのも、さまざまな事情があるにせよ、皆さんがダイエットをする真の目的を一言で言えば「自身の美容と健康のため」ということにほとんど集約されるのです。

そして、それはあなたにとって「なりたい自分」であると同時に、先ほどお伝えしたダイエットの目指すべき目標「最適な状態」と、非常に近いものとも言えます。

つまり「ダイエット＝体重を落とす」という概念は、あくまで表面的なものであり、「ダイエット＝最適化」という概念が皆さんの思いの根底にあるのです。

ダイエット経験のある読者の皆さんのなかには、毎日体重計に乗っては、なかなか減らない体重に一喜一憂している方がいるのではないでしょうか。

でも、よく考えてみてください。

きっとあなたは、きっかけはどうあれ、「自身の美容と健康を手に入れたい」という本来の思いが根底にあり、それを目指そうとダイエットを始めたはずなのです。

でも、それが「ダイエット＝体重を落とすこと」という表面的な感覚に引きずられ、あなたの根底にあったはずの思いや目標はいつの間にか、ただ「体重を下げる」ことに、すり替わっていませんか？

ここに大きな問題があるのです。

というのも、体重の変化に固執し過ぎてしまうと、思うように体重が落ちなかったとき、「このやり方で正しいのだろうか」「もっと効率よく痩せる方法はないのか」と不安になり、なんとか成果を出そうと体調を壊しかねない無茶をしようとしたり、また違ったダイエット法を模索し始めたり、「無限ダイエット地獄」へと足を踏み入れることにつながる可能性があるのです。

体重の変化は「本当になりたい自分」を叶えるまでの途中経過に過ぎません。

にもかかわらず、「途中経過」に振り回されて迷走してしまうと、理想の目的地から遠く離れたとんでもないところに行ってしまうようなことになりかねないのです。

むしろ、しっかりと「なりたい自分」という目的地を見失わずに、歩みを進めていきさえすれば、その過程にある「体重が減る」という結果は、自ずと付いてくるはずです。

忘れてはいけないのは、あなたの本来の望みは、自分がどうしても行きたい目的地があり、そこに到達することです。そこがブレてしまっては、本当に望んでいるものは得られません。

旅行で言えば、絶対に行きたい場所があって、最初は、そこに行くために、まずは飛行機に乗ったはずです。

それなのに、マイルを貯めること自体に気を取られ、いつの間にか肝心の目的地に行くことすら忘れ、意味のない飛行機の移動を繰り返しては、マイレージポイントが貯まったかどうかばかりを気にしているようなものです。

改めてお聞きします。あなたは、そもそもどこに行こうとしていたのでしょう?

## 理由④　短期間で大きな成果を求める

テレビをつけると、短期間でビフォーアフターが劇的に変化するダイエットの事例がＣＭで流れているのを見かけます。そういう劇的な変化を見せつけられると、これからダイエットをしようと思っている人にとっては、とても魅力的なダイエットに映り、ほんの短期間なら私も頑張れるかも、と駆り立てられるものがあるかもしれません。

例えば、私たちのクリニックでもその気になれば、短期間で成果を出すダイエット法も指導が可能です。ですが、私たちは、あえてそういう指導をしないように心掛けています。

推奨する期間としては、最低でも3カ月、できれば6カ月から12カ月かけて、少しずつ体重を落とすように、ペースを調整するのです。理由は、リバウンドをさせないためです。

短期間の厳しい食事制限と運動負荷は、試験直前の一夜漬けの勉強のようなものです。

学生時代、テスト前に徹夜をして一夜漬けをした記憶がある人もいるでしょう。その時を思い返してみてください。その一夜漬けで無理やり詰め込んだ知識が、テストが終わったあとにも大いに役に立ったという経験が、今までの人生のなかで、果たしてどれほどあったでしょうか？

ほとんどの場合、詰め込んだ知識は、すぐに忘れてしまい、大して身にならないことが多かったのではないでしょうか。

ダイエットも同じです。リバウンドをしてしまう最大の原因は、せっかく短期間で結果にコミットしたとしても、結局、その結果が、そもそもあなたの身体に十分馴染んでいないからです。特に、糖質依存傾向にある人は、糖質制限に慣れるだけでも、相当な時間をかける必要があります。

ストイックで厳しいトレーニングが好きな人は、それをその後の日常に取り入れることができるかもしれませんが、必ずしもそういう人ばかりではありません。

せっかく手に入れたダイエットの成果を、「一夜漬けの詰め込み」で終わらせず、あなたの身体に馴染ませる方法は一つしかありません。それは、無理をせず、時間をかけて取り組み、あなたの生活と習慣の一部にまで浸透させることです。

［第2章］

# 最適な健康状態を叶える 〝メディカルダイエット〟とは

## ダイエットを始める、その前に知ってほしい「病気と健康」の概念

これから、ダイエットに取り組む前に、皆さんに絶対に知っておいてもらいたい非常に大切なお話をします。

それは、「病気と健康」の概念についてです。

一般的には、病気と健康は対極にある、と考えられがちですが、実際にはそうとは限りません。

「病気ではないから〝健康〟」であると言われた人のなかにも、体力気力とも充実して、まったく問題のない人もいれば、いつも疲れていて元気がない、あるいは、ここが痛い、あそこが調子悪いなどの訴えがあるものの病院で検査してみても、特に異常がないと判断される人も含まれたりします。

こうしたことを踏まえると、病気と健康は、対立するものではなく、連続した健康状態の段階・レベルで考える必要が出てきます。

例えば、この上ない最高の健康状態を「健康Lv.10」とすると、なんとなく不調を感じ

ている人は「健康Lv.6」、明らかに不調があり、病気と診断された場合は「健康Lv.1」など。

そう考えると、「病気」という状態も、ただ健康レベルが低いだけで、ある程度の健康は存在することになります。逆に、「病気でない状態」が必ずしも「本当に健康な状態」と一致するわけでないということです。

このような観点から「病気と健康」を考えてみると、私たちは皆、例外なく、生きている限り、健康レベルのより高い状態を目指し、維持するのが望ましいと言えるでしょう。

なお、理想の健康状態は、個人個人で異なりますが、その目指すべき最適な健康状態は「オプティマルヘルス」と呼ばれることがあります。「オプティマル」とは、「最適な、最善の」という意味です。

## 健康レベルを左右する「食」

個々の健康レベルを左右するのは、遺伝要因や環境要因もあるでしょう。ですが、心身の機能を物理的に支えている基盤は、その材料となる「栄養素」なのです。

骨や筋肉、皮膚や毛髪、あなたの身体は、タンパク質やミネラルから作られ、これらはすべて摂取した栄養素から成り立ちます。

心はどうなの?と思うかもしれません。一見、スピリチュアルな概念で「心」をとらえると、栄養とはまったく関係ないように思われるかもしれません。

ですが、心は、医学的には「脳の働きの一部」であり、神経伝達物質やアドレナリンやドーパミンといった脳内ホルモンの複雑な相互作用によって、感情や情動が生まれると考えられています。

この神経伝達物質や脳内ホルモンも、分子レベルで見てみると、ビタミンやミネラルを介して代謝され生成されるタンパク質であったりします。

つまり、あなたの「ココロ」も「カラダ」も、自身が摂取した栄養素が身体に入り、どのように機能するかに大きな影響を受けており、言い換えれば、その人の心身の健康レベルは、「食」によって大きく左右されるということです。

## オプティマルダイエットとは

ダイエットに話を戻します。

人として生きていく限り、恒常的に「オプティマルヘルス」（その人にとっての最適な健康状態）を目指すのが望ましいとお話ししましたが、ダイエットをしようがしまいが、それは変わりません。

つまり、ダイエットをする人にとってのオプティマルヘルスとは、「ダイエットをわざわざする必要がない、健全な状態を目指し、それを維持すること」ということでもあります。

私たちのクリニックでは、前章で取り上げたような「今までに数々のダイエットに失敗した」と、体調を崩して相談に来られた患者さんがあとを絶ちません。そして、その多くのケースが、「新型栄養失調」と呼ばれるエネルギー過多の栄養不足が原因であったりします。

そういった背景から、私たちは、医学的に自己管理をサポートしながら、「ダイエット

写真1
エムスカルプト

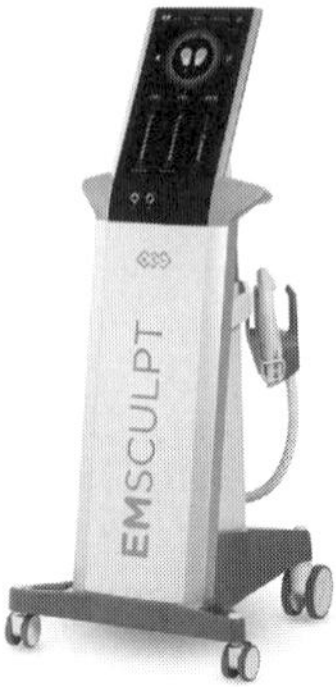


出典：BTL Japan株式会社

写真2
サクセンダ

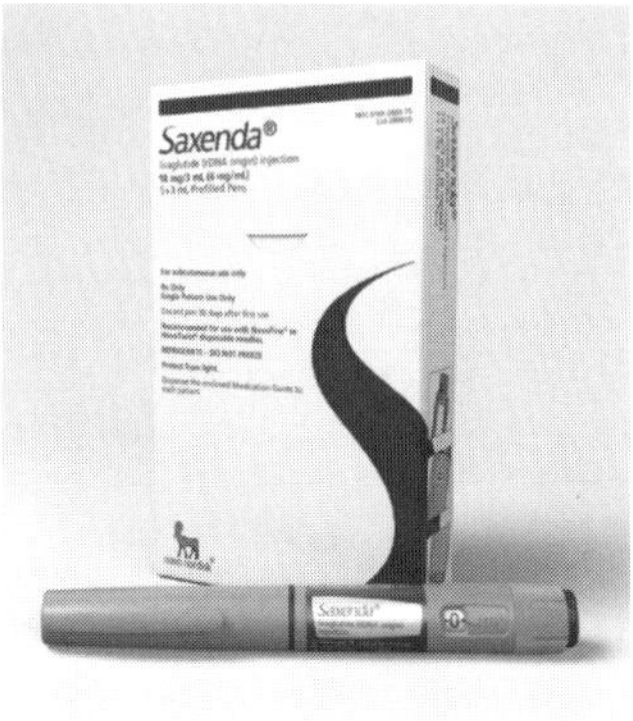


出典：PR Newswire Novo Nordisk社
リリース記事

をわざわざする必要がない、健全な状態を目指し、それを維持すること」を目指す「オプティマルダイエット」という新しい概念を提唱しています。

私たち医療者が介入するダイエットは、「メディカルダイエット」という位置付けになるかと思われますが、ただ単に薬や医療機器を使って痩せさせるだけでは、逆にリスクが生じかねません。

それに対して、私たちが提唱する「オプティマルダイエット」は、メディカルダイエットのなかでもとりわけ「医療の力を利用しながら、その人を心身ともに最適な状態に導く」という考え方です。

具体的には、次のような内容になります。

・採血や体組成・内臓脂肪測定などを行い、現状の健康レベルの把握をする。
・ＧＬＰ−１受容体作動薬というお薬を利用し、食欲の最適化を図る。
・エムスカルプトという医療機器を用い、体重や筋量維持の最適化を図る。
・メディカルグレード（医療用サプリメント）を用い、栄養状態の最適化を図る。
・持続血糖測定器を用いて、糖質摂取の最適化を図る。
・ダイエットコーチングを用いて、生活習慣の最適化を図る。

## オプティマルダイエットが、最適な健康状態を叶える理由

### ①オプティマルダイエットは、自分の健康レベルの把握から始まる。

前章でお話ししたように、どこか目的地に行こうと思っても、現在地が分からなければ、ゴールまでたどり着くのは難しいといえます。

メディカルダイエットの大きな強みは、健康状態を十分評価できるという点です。

私たちの提唱しているオプティマルダイエットでは、最初に以下の検査を行い、自分の身体を把握します。

・血液検査
・体組成計測
・内臓脂肪測定
・腸内フローラ検査

血液には身体のさまざまな情報が含まれています。血液検査というと、健康診断をイメージすると思いますが、血液検査で分かるのは病気や健康状態だけではありません。私たちのクリニックの場合だと、80項目以上の採血データを栄養学的に分析し、栄養素の過不足の評価も行い、個人に合わせた総合的なメディカルダイエットの指針づくりに役立てます。

また、体組成計測では、6項目の分析結果を総合点数評価し、現在の身体の肥満状態を把握します。体脂肪はもちろん、筋肉量、骨格筋量など非常に詳細な身体の組成を知ることができます。

内臓脂肪計は、メタボリックシンドロームの有無の判断に用いますが、内臓脂肪の量によって、どのような治療がその人に適しているかの判断材料にもなります。

ほかにも、腸内環境の良し悪しがダイエットにも大きく関わることがあるため、希望される方には腸内フローラ検査も実施しています。

こうした検査によって、人によって異なる身体の状況に合わせて、総合的なメディカルダイエットの計画を医師と一緒に立てていくのです。

自己流ではもちろんのこと、ジムやエステではここまで「体内の状態」を事前に調べることはありません。しかし本来、健康な身体づくりのためには詳細に自分の身体を知る必要があるのです。

### ②オプティマルダイエットは、最適な健康状態を最終ゴールにしている

私たちの提唱するオプティマルダイエットのゴールは、「痩せる」ことではありません。

私たちがダイエットを通じて皆さんに目指してほしいのは、オプティマルヘルスの状態、

すなわち「ダイエットをわざわざする必要がない、健全な状態」であり、それを維持して生活を送ってもらえることが、目指すべきゴールだと考えています。健康レベルが低く、限りなく病気に近い状態で、中身が伴わない見かけだけの成果を手に入れたとしても、それは真の成功とはいえないからです。

あなたは歩くときにどこに目を向けて歩きますか？

歩くときには、転ばないように足元をチェックすることも大切なことでしょう。ですが、うつむいて足元ばかりを見過ぎてしまうと、いつの間にか、進むべき道を誤ることもあるかもしれません。体重の変化を定期的にチェックすること自体は、決して悪いことではありませんが、足元の「体重」に気を取られ過ぎず、時にはしっかり前を向いて、遠くのほうに目を向けなくては、真のゴールに到達できないことも知っておく必要があります。

オプティマルヘルスとは、あなたが取り組もうとしているダイエットの、その先にある「ゴール」です。そこを目指して歩みを進めていけば、きっと気づくはずです。あなたが短期間のダイエットで得ようとしたものは、単なる通過点に過ぎないのだ、ということを。

### ③オプティマルダイエットは、栄養状態の改善と維持を目的としている

私たちは、「食」を健康レベルに大きく影響する重要な要素と位置付けています。「食」から得られる栄養素は、ダイエットの際には、ついカロリーベースの話だけで語られてしまいがちです。ですが、食品や栄養素が身体に入り、どのように機能するか。そして、それが、その人の心身にどのように影響するのかを考えることが重要と考えています。食品ではなく、人を主体に栄養素の機能を考えていかなくては、その人にとっての最適な健康状態を見出すことは、とても難しいからです。

特に、先述したように、現代人は、糖質中毒の傾向にあり、カロリー過剰の一方で、他の栄養素が足りない「新型栄養失調」という状態に陥りやすく、それによる健康レベルの低下、体調不良の訴えが多いのです。

ダイエットにおいては、引き算よりも足し算が重要だと述べましたが、どんな栄養素が不足しているのかを把握し、個々の状態に応じて栄養素を積極的に補いながらダイエットを継続できるのも、オプティマルダイエットの大きな特長と考えています。

## ④オプティマルダイエットは、生活習慣の改善を目指している

メディカルダイエットと聞いて、なかにはお薬や医療機器を使って、無理矢理痩せさせるのではないか、と思っている方もいるかもしれません。

確かに、最近私たちも使用しているＧＬＰ－１受容体作動薬というお薬の不適切処方が社会問題になっており、それによる被害が出ていることに、私たちも心を痛めています。

ですが、お薬も医療機器も、大切なのはその「使い方」です。どんなものにでも言えることですが、使い方次第で、有益になることもあれば、有害になることもあり得るのです。不適切処方をしている美容クリニックでは、ＧＬＰ－１受容体作動薬の減量効果を誇張して、診察もせずに、薬を送り付けるところもあるようですが、それは有益な使い方とは言えません。

後述しますが、ＧＬＰ－１受容体作動薬は、食欲を最適化してくれる効果があるので、「適切な食生活を日常に浸透させる」という意識を持って、上手に利用していくのが望ましいと考えています。したがって、私たちのクリニックでは、ＧＬＰ－１受容体作動薬を使いながらも、ある程度食事量や食事内容の見直しが見込めるならば、容量を少しずつ減

らし、お薬がなくても適正な食事量が保てる状態になることを目指していきます。

また、そこにたどり着くまでに、早い人で3カ月、通常は6～12カ月くらいはかかります。短期での成果よりも、投薬期間終了後のことを考えて、ゆっくりと最適な状態を身体に慣らしていくのです。

以上、私たちの提唱するオプティマルダイエットの特長は、前章で述べた4つのダイエットに失敗する理由をカバーするようなかたちにもなっていますので、極めて失敗する可能性が低いダイエットといっても過言ではない、と思っています。

なお、一般的にダイエットでは、無理や我慢はすればするほど、その反動でリバウンドの原因となりやすく、それだけでも失敗の要因となります。GLP－1受容体作動薬や医療機器を使うのは、その無理や我慢を最小限に抑えて、継続するサポートツールだと思ってもらえるとよいかと思います。

この本を読んで、ダイエットをやってみようと思う方、まずはご自身の現在の健康状態とオプティマルヘルスについて、少し考えてみてください。短期的に痩せてダイエットを終えたところで、まだまだあなたの人生は続きます。

あなたは、「ダイエットのその先」にある未来を見据えずに、次は絶対にリバウンドしないと自信を持って言い切れますか？

誤解がないようにお伝えしておきたいのは、私たちが取り組んでいるメディカルダイエットとは、決して「魔法のやせ薬」を処方しておしまい、というようなものではありません。もしそのような期待をされている方がいらっしゃれば、申し訳ありませんが、その期待には全面的にはお応えできかねます。

あくまで私たちは、オプティマルヘルスというゴールを目指す皆さんの、ガイドやサポーターのような役割だと思っています。

ダイエットに取り組み始めのころは、誰かに支えてもらわないと、最適な状態をうまく維持できず、バランスを崩しそうになるかもしれません。それを、最初のうちはお薬や機器などを利用しながら支えるのが、私たちの役目です。

そうやって慣れないうちはお薬や機器を使いつつも、少しずつ身体が最適な状態に馴染んでいけば、自転車に乗れるようになるのと同じで、いずれはそのうち支えがなくても、一人でもバランスが取れて、前に進んでいけるようになるはずです。

私たちは、ご自身の最適な健康状態を目指し、ダイエットするのをもう最後にしたいと本気で思う人であれば、どなたでも応援します。

なお、次章では、私たちのやっている診療や取り組みの詳細、またメディカルダイエットのなかで使用する薬剤やデバイスについて説明していこうと思います。

［第3章］

# 医師が注目した『GLP―1』とその適正処方について

## メディカルダイエットで処方するＧＬＰ－１とは

第2章で紹介したように、メディカルダイエットでは、ＧＬＰ－１というホルモンの注射剤を用います。

ＧＬＰ－１とは、もともと私たちの小腸から分泌される消化管ホルモンの一種で、正式名称を「グルカゴン様ペプチド－１（Glucagon-Like Peptide-1）」といい、英語の頭文字をとってＧＬＰ－１と呼ばれています。

ＧＬＰ－１は食事を摂ると小腸にあるＬ細胞から分泌され、その一部が血液により膵《すい》臓へ運ばれます。

膵臓にはインスリンを分泌するβ細胞という細胞がありますが、この細胞の表面には、ＧＬＰ－１を受け取るお皿のような分子があります。これをＧＬＰ－１受容体といいます。

例えるなら、ＧＬＰ－１とＧＬＰ－１受容体は「鍵」と「鍵穴」のような関係で、膵臓にたどり着いたＧＬＰ－１がＧＬＰ－１受容体に結合すると、インスリン分泌のスイッチが入るのです。これによりβ細胞からインスリンが分泌され、血糖値が下がるというわけです。したがってＧＬＰ―１は、血糖値が高い場合のみインスリンを分泌させます。

私たちの身体の中では、ブドウ糖のエネルギー化をスムーズに進め、血液中のブドウ糖の濃度を一定の範囲に保つために、身体からはさまざまなホルモンが分泌されています。膵臓から分泌されるインスリンは血糖値を下げる働きのある唯一のホルモンです。一方で、膵臓では血糖値を上げさせる働きのあるグルカゴンも分泌されています。

ＧＬＰ―１は、インスリンの分泌を促進しグルカゴンの分泌を抑制することで、血糖値を低下させる作用があります。この作用によりＧＬＰ―１受容体作動薬は日本において、２型糖尿病の患者さんに使用されています。

この血糖値を下げる作用に加え、食欲抑制効果や摂取した食物の胃からの排出を遅らせる効果が注目され、ＧＬＰ―１受容体作動薬は欧米を中心に、肥満治療に応用されるようになりました。

## ＧＬＰ―１が引き出す力。キーワードは〝食欲抑制〟

ここでＧＬＰ―１で明らかになったもう一つの作用「食欲抑制」について、詳しく説明

［図表１］ＧＬＰ－１受容体作動薬の食欲抑制メカニズム

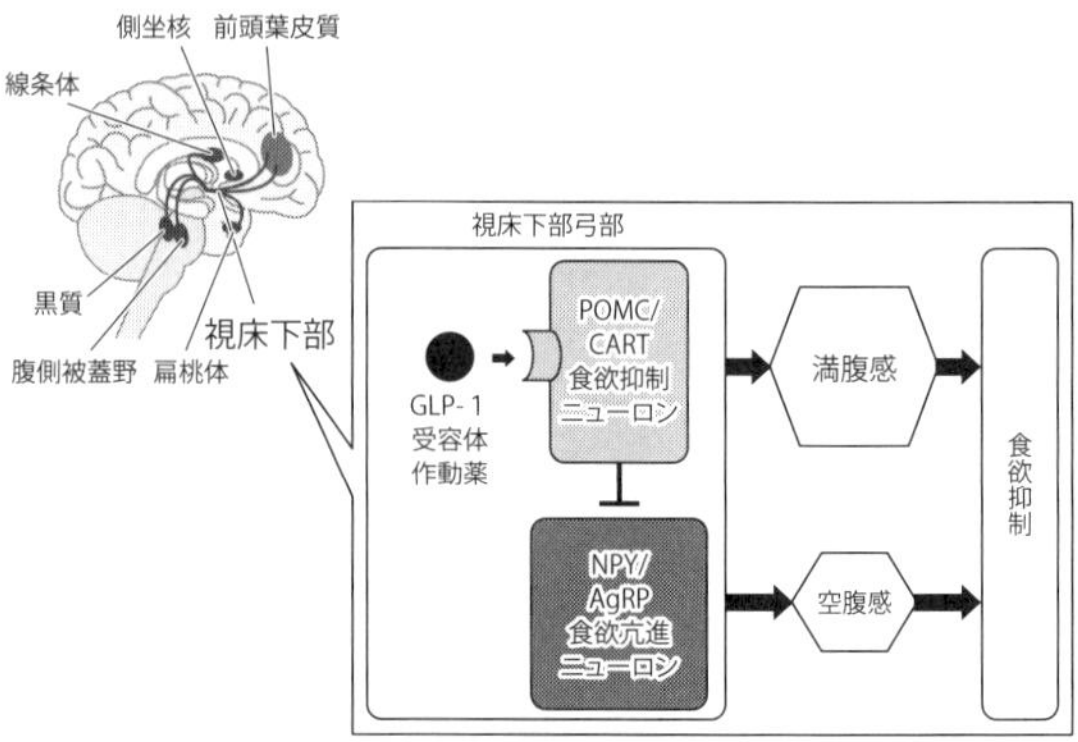


出典：Pharmacol Res 84:1-11, 2014, J Clinical Invest 124(10):4473-4488, 2014 から改変

しましょう。

ＧＬＰ－１には膵外作用として、消化管の働きを緩やかにする「胃排泄遅延作用」と、脳に働き掛けて食欲を抑える「食欲抑制作用」があります。「胃排泄遅延作用」とは、食べたものの大半は胃で消化されますが、その胃のぜん動運動を抑える作用です。一言でいえば「腹持ちが良くなる」のです。

「食べたい」という欲求には2種類あり、1つは空腹を満たすための空腹感によるものです。もう一つは視覚や嗅覚、味覚、過去の経験によるものです。人間は空腹感と満腹感という身体の欲求に応じて摂食とその中断を繰り返して食物の摂取を調節しているわけです。

ＧＬＰ－１受容体作動薬は、視床下部の食欲抑制ニューロンに作用して、食欲亢進ニューロンを抑制することで、満腹感を増幅させ空腹感を減衰させます。この作用により過剰な食欲を抑制し、食べ過ぎることがなくなります（図表１）。

## 心臓や肝臓、免疫系にも。さまざまな作用をもつＧＬＰ－１

ＧＬＰ－１は、インスリンの分泌を促進する作用や食欲抑制作用のほかにもさまざまな生理作用をもつことが分かってきています（図表２）。

・**膵臓への作用**…血糖値が高い場合にインスリンの分泌を促進、血糖値を上げるホルモンであるグルカゴンの分泌を抑えるほか、膵臓の細胞を守り、細胞を増やしてインスリンの分泌を増やす効果も期待されています。

・**胃への作用**…胃のぜん動運動を抑制し、摂取した食物の胃からの排出を遅らせます。消化能力が落ちることで空腹になるまでの時間も長くかかり、その結果、自然と食欲が落ちていきます。

- **脳への作用**…視床下部の摂食中枢に作用し、食欲を抑える効果があることが認められています。また、損傷を受けた脳細胞を保護し、神経細胞の増殖を促進する可能性があることが分かり、アルツハイマー病の予防にも役立つのではないかと研究が進んでいます。
- **肝臓への作用**…グルコースの産生を抑えるほか、動脈硬化や心筋梗塞などのリスクを高める脂肪肝の抑制効果が期待されています。
- **腎臓への作用**…余分な水分やナトリウムの排出を促す利尿作用があります。
- **心臓、心血管への作用**…心筋を保護し、心機能を高める、心不全のリスクとなる脂肪酸代謝の抑制が認められているほか、血管を拡張し血圧を低下させる効果も期待できます。

## ［図表２］ さまざまな生理作用のイメージ

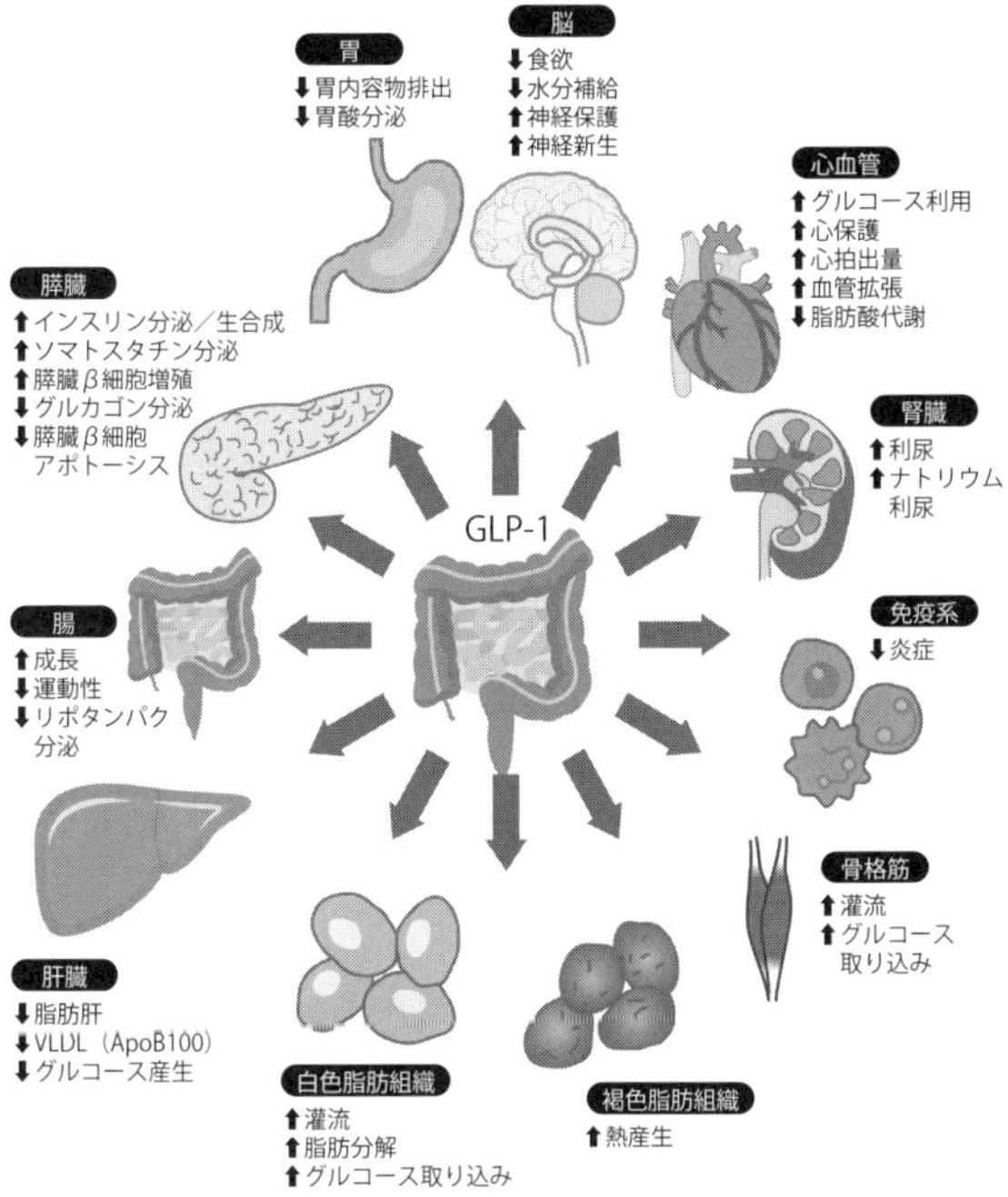


出典：糖尿病サイト「GLP－１の多様な作用」

・**骨格筋への作用**…筋肉におけるブドウ糖の取り込みを促進します。

・**脂肪への作用**…細胞内に余分なエネルギーを脂肪として蓄える白色脂肪細胞に作用し、脂肪分解を促すほか、体内の余分なエネルギーを熱に替えて放出する褐色脂肪細胞に作用し、熱産生を増加。余分な脂肪を燃焼する効果が期待できます。

・**免疫系への作用**…肥満により自己免疫性炎症疾患の発症リスクが高まることが明らかになってきましたが、ＧＬＰ－１によって肥満が解消されることで炎症を抑えられる効果が期待できます。

## 「ホルモンを上手に利用して痩せる」という画期的な治療法

メディカルダイエットにおいてＧＬＰ－１を利用する最大の利点は、もともと人の身体にあるこの消化管ホルモンを外から補充することで、過剰な食欲を抑制し、ゆるやかに体質を変えながら痩せやすい身体へと導くことが可能となる、ということです。

飽食の時代と呼ばれて久しい現代。生活習慣を背景とする肥満の原因のほとんどは「食べ過ぎ」と考えられます。それも本当に空腹なのではなく、ストレスなどで「空腹感」を脳が感じ、食欲を抑えられないために食べてしまう、こうした過食パターンにはまり苦しんでいる方が現代人には増えていると思われます。

つまり、脳が食べ物を欲してしまうのです。

それなら、脳が食べ物を欲しがらないようにすればよい。そのために、脳に「食べ物はいりませんよ」と信号を発する役割を持つホルモン、GLP－1を利用するのです。

食欲が自然に抑えられますから、自己流ダイエットにありがちな「無理」や「我慢」をぐんと減らすことが可能です。先ほどストレスでつい食べ過ぎてしまうと話しましたが、無理や我慢こそストレスの元凶になりますので、できるだけ少ないに越したことはありません。

一方で、他者からダイエット指導を受けるにしても、もしスタート時から、「あれはダメ！」「これをやれ！」などと細かく指示されたら、それだけでやる気を失ってしまうのではないでしょうか。それではダイエットは続きません。最初のハードルが低ければ低いほど、つまずかずに先へと進みやすいものです。

もちろん、それまでの生活習慣を一切見直さず、ＧＬＰ―１だけでダイエットは成功します、とは私は言いません。繰り返しますが、健康かつ自分が理想とする身体を保つには、適切な生活習慣がベースにあるべきと考えるからです。

しかし、早く、そして比較的楽に変化が現れることは、患者さんにとって大きなモチベーションアップにつながります。やる気が起これば、食事や運動にも気をつけるなど、生活習慣の変革にも身が入るというもの。体重が落ちる→気分が上がる→何事も前向きに取り組めるようになる→ますます体重が落ちる、といったポジティブなサイクルを、ダイエット開始後の早い段階でつくってあげることが、ダイエット成功率を高めるポイントと考えます。

## ＧＬＰ―１受容体作動薬の適応と種類

メディカルダイエットで使用するＧＬＰ―１の薬は、正式には「ＧＬＰ―１受容体作動薬」といいます。

この薬はもともと、糖尿病治療薬として開発されました。世界的に評価が確立している薬で、2型糖尿病の薬物治療としてスタンダードであり、国内でも2型糖尿病患者に処方されています。

２０１０年代より、欧米でその体重減少作用が注目され始め、米国では２０１４年、ヨーロッパでは２０１５年に、肥満治療薬として承認されています。

日本国内においては、2型糖尿病の治療以外は公的保険の適用外のため、肥満治療に用いる際は自費診療となります。

現在のところ、国内で承認されているＧＬＰ－１受容体作動薬は注射剤のみです。２０１０年に国内初の認可を受けたビクトーザ®（一般名・リラグルチド）に続き、バイエッタ®とビデュリオン®（ともに一般名・エキセナチド）、リキスミア®（一般名・リキシセナチド）、トルリシティ®（一般名・デュラグルチド）の計5剤が承認されています。オゼンピック®（一般名・セマグルチド）も発売されました。

なお、当院ではメディカルダイエットの患者さんには、海外で肥満症の適応のある「サクセンダ」（一般名・リラグルチド）を、2型糖尿病患者さんには、「ビクトーザ」や「オゼンピック」を主に処方し、使い分けています。

また、２０２０年４月、欧州および英国で世界初の飲み薬によるＧＬＰ－１受容体作動薬、経口セマグルチドが承認され、発売されました。日本でも近いうちに承認されると注目されており、期待が高まっています。

## 学術的な効果

ＧＬＰ－１受容体作動薬は医師の指導のもと安全性に配慮して投与され、無理や我慢を極力抑え、健康的に痩せられるとして数多くのメディアに取り上げられました。

学術的にもその効果は証明されており、論文が発表されています。ＧＬＰ－１受容体作動薬（Liraglutide・リラグルチド）３・０㎎を肥満症の治療で使用した場合、平均８kg程度の体重減少が認められたという論文が、世界的に権威のある医学雑誌『The New England Journal of Medicine』に掲載されました。

ＧＬＰ－１受容体作動薬の効果には個人差はありますが、２０１５年に発表されたこの論文では、リラグルチド投与前と比較して15％以上の体重減少を認めた症例が14・４％も確認されています。

## ＧＬＰ－１受容体作動薬の副作用について

薬には薬効がある一方、副作用もあります。ＧＬＰ－１受容体作動薬の主な副作用として、消化器症状が挙げられます。

具体的には、胃もたれなどの不快感や吐き気、便秘や下痢などです。特に使い始めはこれらの症状が強く感じられやすいようです。

しかしほとんどの場合、しばらく経つと気にならなくなります。また、副作用の出方や強さによっては、投与量を見直したり、増量のペースを落としたりして、効果を得られかつ副作用を最小限に抑え、治療が続けられるよう調整していきます。

それでも症状が軽減せず、続けられないほどつらい場合は無理せず、別の薬に変えることも検討します。ただ、今までに当院でＧＬＰ－１受容体作動薬を処方した患者さんでは、前述した副作用のために治療が続けられなかった症例はごく一部です。

なお、18歳以下の方、70歳以上の方、妊娠中の方には安全性の科学的根拠が不十分なため、推奨されていません。また1型糖尿病の方には禁忌とされており、使用できません。

## GLP―1受容体作動薬による治療の実際

前項で話したとおり、GLP―1受容体作動薬（以下GLP―1）は注射剤です。注射と聞くと、一般的な予防接種のような、細く長い針を腕に刺して……とイメージされる方が大半なのではないでしょうか。なかには注射と聞いただけで「私は苦手……」と尻込みしてしまう人もいるかもしれません。

ですが、GLP―1受容体作動薬をはじめ、自己注射が認められている注射剤は、患者さんが扱いやすい仕様になっており、医療機関で医師や看護師が打つ注射とは見た目も方法も違います。

当院で処方しているサクセンダの場合、一見、ペンのような形状をしています。注射針も短めで、直径も0・18㎜と、髪の毛1本分ぐらいのごく細いもので、打つ際にも皮膚に軽く押し当ててカチッと注射器のお尻を押すだけです。

針を刺すので、出血する場合もあり、痛みの感じ方には個人差はありますが、ほとんど気にならない程度と思っていただいてよいでしょう。

初回は医師と一緒に手法を確認しながら注射をし、その際にコツや注意点を詳しく説明しますし、処方の際お渡しする注射キットに手引書も同封されています。

もちろん注射ですから、行う前に手指や打つ場所を消毒することや、注射器は清潔な場所で保管し扱うことといった、安全に行うための配慮は必要です。また、使用後の注射器は医療廃棄物となり、一般ごみとは分けて処分しなければなりません。こうした使用上のルールは、実際にＧＬＰ－１注射による治療を受ける患者さんに、事前に丁寧に説明します。

また、先述のとおり、自己注射でお困りのことや万一何か生じたときのために、当院ではＬＩＮＥやメール、電話で相談に応じる体制を整えています。

自己注射を経験した患者さんのほとんどから、「慣れてきたら１回１分もかからない」「簡単だった」「痛みはほとんど感じなかった」との声をいただいています。

「サクセンダ」は、１日１回、毎日投与（注射）するタイプです。

投与量は、０・６㎎からスタートし、１・２㎎、１・８㎎と、効果や副作用などを見ながら量を増やし、３カ月～半年を一つの期間として継続していきます。

受診時に１カ月分（２～３本）を処方し、継続する場合は再診いただくことを基本としています。状態が安定している再診の患者さんには遠隔診療での対応もしています。

## ４つのステップで無理なく痩せるメディカルダイエット

当院で行っているＧＬＰ－１受容体作動薬を用いたメディカルダイエットは【導入期】、【固定期】、【離脱期】、【維持期】の４つの時期に分かれます（図表３）。

順番に説明していきましょう。


**【導入期】**


メディカルダイエットの初診時は、問診、血液検査と体組成を測定し、栄養解析を行います。

そのうえでまずは、薬を使ったダイエットサポートを開始していきます。

［図表３］メディカルダイエットの４つのステップ

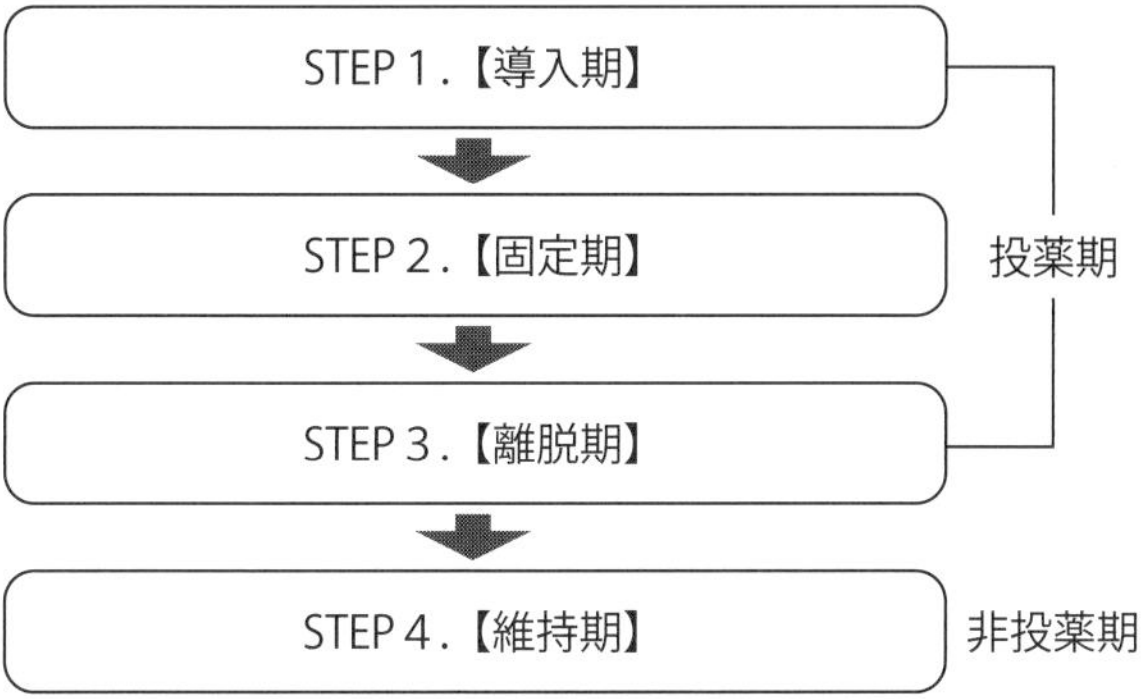


主に食欲抑制効果のあるＧＬＰ－１受容体作動薬を用いて、ダイエットをスタートしていきます。また、ＳＧＬＴ２阻害薬といって糖の排泄を増やす薬なども併用することもあります。

その後ＧＬＰ－１受容体作動薬の投与量を少しずつ増やしていき、副作用と効果を見ながら調整していきます。２週間から１カ月ごとに受診してもらい、初診時の採血結果をもとに、栄養状態を評価していきます。その結果に基づいて、食事指導と必要なサプリメントで補正していきます。

**【固定期】**

ＧＬＰ－１受容体作動薬をある程度増量して

いくと、食事量全体が抑えられ、減量効果が期待できます。食事内容のチェックと栄養状態の再評価、体組成の変化を見ながら、ＧＬＰ−１受容体作動薬の維持量を決めて、これを継続していきます。

この時期は、ＧＬＰ−１受容体作動薬を増やさず、一定量を継続しながら、適正な食事量・食事バランスの是正に注力します。ここで、しっかり「食生活の適正化」を行い、生活習慣として定常化するように時間をかけます。

**【離脱期】**

食生活が是正され、慣れてきたら、徐々にＧＬＰ−１受容体作動薬の投与量を減らしていきます。ＧＬＰ−１受容体作動薬の投与量を減らしてみて、体重が維持できないようであれば、再度増量が必要です。

ＧＬＰ−１受容体作動薬の投与量が減っても、体重が増えなければ、食生活の適正化が浸透しているであろうと判断して、さらに薬の減量を進めていきます。最終的には、ＧＬＰ−１受容体作動薬の投与量をゼロにすることで、【投薬期】は終了となります。

【維持期（非投薬期）】

ＧＬＰ－１受容体作動薬の投薬量をゼロにして、経過をフォローします。

この時期のメインは、食事指導です。また、ダイエットコーチングを取り入れ、患者さん自身の食に対する意識や考え方を確認しつつ、行動に焦点を当てて体重維持・健康維持をサポートします。

あとは、定期的に血液検査などをして、食事やサプリメントなどを時々見直す機会を設けます。

## ＧＬＰ－１受容体作動薬と内臓脂肪量

体脂肪には、皮下脂肪と内臓脂肪があります。

皮下脂肪には、外部からの圧力に対する保護作用や体温保持機能などの役割があります。

一方で、内臓脂肪は糖尿病や高脂血症などの生活習慣病との関連を指摘されています。

メタボリックシンドロームを判断する際に、ウエスト周囲径で男性85㎝、女性90㎝が内臓脂肪型肥満といわれますが、実際にはウエスト周囲径だけでは、皮下脂肪が多いのか内臓脂肪が多いのかは、区別できません。

　内臓脂肪の量は、一般的には腹部ＣＴ検査などを用いて測定され、身体の断面積における脂肪の面積が１００㎠以上だと、内臓脂肪型肥満ということになりますが、ＣＴ検査は放射線被ばくの問題があり、簡単にはできません。

　そこで、最近では腹部生体インピーダンス法という方法で、被ばくせずに内臓脂肪が測定できるようになってきています。

　内臓脂肪は皮下脂肪に比べて、脂肪細胞が代謝に反応しやすいため、ダイエットを始めると、まずは内臓脂肪から減っていきます。

　ＧＬＰ－１受容体作動薬においては、筋肉量を大幅に減少することなく、内臓脂肪を減少することが知られています。

　メディカルダイエットを始める前に、内臓脂肪を測定することで、より高い効果が期待できるかどうかを知る、一つの目安にもなります。

## 社会問題となっている不適切処方について

ダイエットにおいて、ＧＬＰ－１受容体作動薬は減量効果にエビデンスがあり、副作用も少ないため非常に安全に使用できる薬なのですが、最近、この薬の効能・効果を誇張気味に宣伝し、ダイエットの道具として十分な指導や診察を行わないまま、患者に送り付けるような不適切な処方を行う美容クリニックが横行し、厚生労働省や日本糖尿病学会から、適切使用を促すよう厳しい勧告が出されました。

図表４は、国民生活センターのホームページに記載されている相談事例の抜粋です。

## ＧＬＰ－１受容体作動薬の適切な処方にあたって

ＧＬＰ－１受容体作動薬は、適切に使用すれば非常に有用な薬であることは間違いありません。先述のような不適切な処方を避けるためには、医療者側も患者側も、ＧＬＰ－１受容体作動薬に対する正しい知識を身に付けて、対応する必要があります。

ＧＬＰ－１受容体作動薬は、勝手に痩せていく魔法の薬ではなく、過剰な期待は避けま

## ［図表４］国民生活センターに寄せられた相談事例

**【相談概要】**

アドバイザーから自己注射の方法や薬剤の量を指示されるだけで、副作用が出ても医師の対応がない

**【詳細】**

インターネット検索で、オンライン診療で痩身治療を行うクリニックを見つけた。「食事制限や運動は不要」という広告に興味を持った。またホームページではオンライン診療について「場所を問わず診察を受けられる」、「通院時間ゼロ、待ち時間ゼロ」、「オンラインチャットですぐに医師と相談できる」とあった。オンライン診療用のアプリをダウンロードし、無料カウンセリングを予約した。

予約日にビデオ通話でアドバイザーと名乗る人から連絡が来たが、電波が悪いと通常の電話に切り替えられた。アドバイザーから「薬剤を自身に投与する治療だ。薬剤はまれに副作用が出るが、数日で落ち着く」などと言われ、併せてコースや料金、自己注射の方法を説明された。その後、医師に代わったが診察はなく、治療を受けるかどうか聞かれただけだった。指定された銀行口座に治療費50万円を振り込み、数日後クリニックから注射器、サプリメント等が届いた。別の日に海外から原則冷蔵保存されるはずの薬剤が常温で届いた。自分で薬剤を注射してみたが吐き気など副作用が出てつらかった。クリニックに相談したが、アドバイザーから薬剤の量の指示を受けるばかりで医師の対応はなかった。痩身の効果も感じられないので解約、返金してほしい。

出典：独立行政法人国民生活センター

しょう。

勝手に痩せる薬という認識よりは、食欲を適正化するという認識で使用し、その特性をうまく利用するのが私たちが推奨する使用方法です。

すなわち、使用期間中に、自身の食生活の見直しと改善を図り、適正化された食生活に身体が慣れるまでの手助けをしてくれる薬なのだという認識です。

そして、基本的には薬に頼らず、むしろ薬の量を減量していき、最終的には、GLP―1受容体作動薬に頼ることなく適正な食生活が送れるような状態を目指すのが、ダイエットにおけるGLP―1受容体作動薬の

適切な使い方ではないかと私は考えています。

## **ＧＬＰ−１受容体作動薬に関するＱ＆Ａ**

ＧＬＰ−１受容体作動薬を用いたダイエットでは、自分で注射器と注射針を扱うということもあり、不安や疑問を感じるという方も多くいることと思います。そこで、よくある質問にＱ＆Ａ形式でお答えしていきます。

Q．自分で注射できるか不安なのですが……。

A．前述のとおり、ＧＬＰ−１の注射器は針が見えないペン型で、針の太さも髪の毛程度のごく細いものです。「注射をしている」感覚はあまりなく行えると思います。

注射前には手指を洗い、注射を打つ部位にアルコール綿で消毒をして、清潔にしてから行うことや、注射器と注射針を適切な場所で保管するなど、いくつか気を付ける面はありますが、注射自体はおなかをつまんで皮下に打つだけというものです。

やり方さえ分かれば、誰でもできるようになります。

もちろん、注射の方法については処方する際、医師や看護師からきちんと指導を行いますので、安心してください。

Q. 注射針の扱いや使用後の注射針の処分は難しいですか。

A. 注射針は注射をする直前に装着します。そして、1回の使用ごとに取り替え、使用後、速やかに外して廃棄します。
この際、原則として医療機関に返却しそこで廃棄することになっています。家で使う場合でも、使用後の注射器と注射針は「医療廃棄物」という扱いになるためです。

そのため、使用後の注射針は、次の通院のときなどに返却するまで、自分で保管しておく必要があります。保管の仕方や注意点は処方時にご説明します。

遠隔治療中で病院に行けないなど、やむを得ず自宅で廃棄処分をする場合には、お住まいの自治体が定めた医療廃棄物のルールを確認し、必ず、それに従って処分していただきます。このように、注射針の扱いには気を配る必要がありますが、手順や管理そのものはルールに従えばよいだけであり、難しいことではありません。

Q.　注射を打つ場所は決まっているのですか。

A.　基本的には腹部ですが、同じ部位に注射を打ち続けていると皮膚が硬くなり、しこりのようになることがあります。それ自体に害はありませんが、硬くなることで注射が打ちにくくなったり、効果が不安定になったりする場合もあります。日によって少しずつ場所を変えて打つようにすることで防ぐことができます。
　また、しこりができてしまっても、しばらくその部位を避けるようにすれば自然になくなりますのでご安心ください。

Q.注射をする時間によって効果が変わったりはしますか。

A.GLP－1受容体作動薬の注射は、朝昼晩、どのタイミングで行っても、特にダイエット（体重減少）に大きな違いはないとされています。

打ち忘れを防ぐため、当院では朝に注射することをお勧めしています。例えば朝の洗顔のあとなど、生活のなかでルーティン化しやすいタイミングを決めておくと、打ち忘れを防ぐのによいでしょう。

Q.注射するのを忘れたら、効果はなくなってしまいますか。

A.1日1回の注射を1度忘れたからといって、そのために急に食欲旺盛になったり、体重が増えたり、ということはありません。

とはいえ、1日1回、1週間に1回など、決められた処方をきちんと守ることは大切です。どうしても忘れそう……という場合は、スマートフォンのリマインダー機能を使うなど、自分なりに忘れないための工夫をしてはいかがでしょうか。

なお、昨日忘れたから今日2回打つなど、自己判断の過剰投与は血糖値の乱高下や消化器症状の出現などなんらかの健康トラブルが生じる恐れがありますので注意が必要です。

Q. 注射をしている間、食事制限などはありますか。

A. 注射をしているからこれは食べてはいけない、というものはありません。食事指導の一環として、ごはんやパンなどの炭水化物を控え目にし、タンパク質を摂るようには勧めています。

治療中、GLP－1の作用で食欲は自然と抑えられますが、食欲がないにもかかわらず無理に食べたりすると、嘔吐してしまうこともあります。消化も遅くなっていますので、胃腸にあまり負担をかけないよう、食べ過ぎには注意しましょう。お酒も飲み過ぎないように控えてください。

Q．GLP−1によるダイエットと低インスリンダイエットの違いは？

A．低インスリンダイエットは、血糖値に問題のある糖尿病患者の治療として始まった食事療法で、血糖値が急上昇しにくいGI値（食後血糖値の上昇度を示す指標）の低い食品を選ぶことでインスリンの分泌を抑え、脂肪の蓄積を防ごうというダイエット方法です。

GLP−1は、インスリンの働きをコントロールするという点では似ていますが、食事療法の一つである低インスリンダイエットとは根本的に手法が違います。

Q．市販の薬や処方薬、サプリメントなどを服用しても大丈夫ですか。

A．持病や薬の種類によって一概には言えないのですが、基本的には併用による心配はないと思われます。念のため、GLP−1の治療を始める前に、必ず主治医に確認してください。

ちなみに、ＧＬＰ－１の副作用として吐き気や胃のむかつきなどが起こった場合、市販の胃腸薬を飲んで対処しても問題ありません。

Q．ＧＬＰ－１受容体作動薬を使用できない人はいますか。

A．現在、18歳以下の方、70歳以上の方、妊娠中の方には推奨されていません。また、1型糖尿病の方にも禁忌とされており、使用できません。

第4章

# メディカルダイエットにおける筋肉運動と食事指導

## メディカルダイエットでトレーニング効果を最大にする

筋力をつけ、代謝を上げることも、ダイエットでは大切なことです。運動により脂肪を減らし、筋肉をつけて引き締まった身体をつくる効果も期待できますが、それだけではなく、食事で摂った糖質をすみやかにエネルギー化して身体にためないよう作用するホルモン「インスリン」の働きをよくして、太りにくく痩せやすい体質へと改善します。

なお、運動には血液中の中性脂肪を減らしたり、善玉コレステロール（ＨＤＬ）を増やし脂質の状態を改善したり、血圧を下げる効果も期待できます。

ただし、運動は続けなければこれらの効果は得られません。したがって当院では、患者さんの年齢や体格を考慮し、それまでの運動歴、得手不得手などをおうかがいし、無理のない範囲かつその患者さんが興味を持てるようなメニューを提案しています。

ジムやフィットネスクラブ、ヨガスタジオなど、運動のための施設やサービスはさまざまなものがあります。これらを利用するにも、ダイエットや健康な身体づくりにより効果的にしたいものです。

運動すると体温や心拍数が上がり、エネルギー代謝が促されますし、筋トレなら筋肉がついて引き締まったボディラインづくりを目指せます。なにより運動すると気分が良いですし、ストレス発散になるでしょう。

しかし一方で、トレーニング場所や機器を利用者に提供するだけのところや、スタート時にダイエット向けのトレーニングプランをつくったとしても、経過をきちんと見てくれたり、それによってプランを変更したり、といった細やかな対応までしていないところも少なくありません。

筋力の増加や維持は、基礎代謝を上げる意味でも重要です。ただ、もともと腰やひざが悪いなどの理由で、有効な運動を継続してできない方もおられるでしょう。そういう場合は、寝たまま筋トレができる医療機器「エムスカルプト」を利用することをお勧めします。

## 医療機関でしか受けられない痩身マシン「エムスカルプト」

エムスカルプトは日本には2018年に導入されたばかりで、台数もありませんが、ダイエット先進国の米国をはじめ海外諸国では、すでに大きな話題となっています。

［図表5］エムスカルプトで鍛えられる筋肉のイメージ

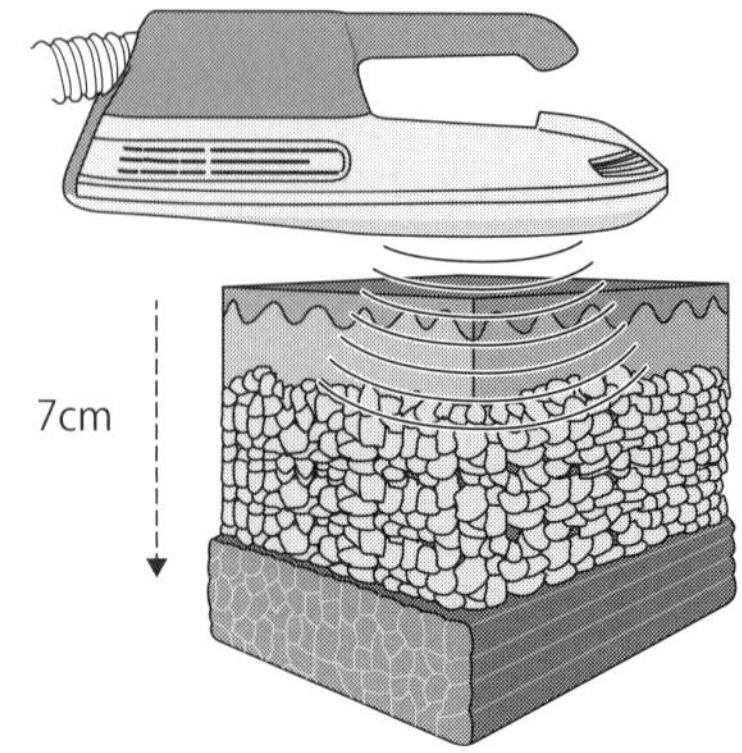


出典：エムスカルプト日本公式サイト

エムスカルプトは、一言でいえば〝ただ横たわっているだけで、脂肪を減らし、筋肉を付けられる〟マシンです。まるで夢のような性能に思わず疑いたくもなりますが、れっきとした医療機器で、効果は立証済みです。

米国ではいくつもの臨床研究が行われ、コンピュータ断層撮影法（CT）や磁気共鳴画像法（MRI）、超音波検査（US）など、7つの研究文献のデータによってその効果と安全性が立証されているほか、日本の厚労省にあたるアメリカ食品医薬品局（FDA）の認可を受け、USPTO（米国特許商標庁）で技術に関する5つの特許を取得しています。

従来の痩身機器の多くは、脂肪のみを対象としているのに対して、エムスカルプトは、脂肪と筋肉の両方を対象とし、同時にアプローチするのが特徴です。電磁エネルギーを効かせたい筋肉に集中的に与え刺激することで、強い筋収縮を起こし、筋肉を早く発達させ脂肪燃焼を促進するという仕組みです。

筋肉を収縮・弛緩させる痩身機器にＥＭＳ（電気刺激装置）というものがあります。通販などで買える製品もあるので名前を知っている、という人も多いでしょう。このＥＭＳは、皮下の約１㎝の筋肉表層に作用するとされています。それに対してエムスカルプトのエネルギーは皮下最大約７㎝にまで届き、深い筋肉層にまで働き掛けることができるのが大きな特徴です。

## 筋肉増加のメカニズム

エムスカルプトは、ＭＲＩで使用される約１・８Ｔ（テスラ）の強力な電磁波を利用した高密度焦点式電磁（ＨＩＦＥＭ・ハイフェム）技術を取り入れ、高密度焦点式電磁エネルギーを目的組織に照射することにより、強力な筋収縮を引き起こすというものです。

エムスカルプトで照射された高密度焦点式電磁エネルギーは、皮下最大約7㎝の深さの筋肉にまで作用します（図表5）。

超極大筋収縮は、筋肉を極限の状態に持っていくようなもので、筋組織は強制的に適応しようと激しい運動の感覚を引き起こします（図表6）。その結果、内部組織の深部を再構築する筋原繊維の成長（筋肥大）と、新しい筋繊維の生成（筋過形成）のプロセスが始まり、筋肉の密度と体積の増加へとつながるのです（図表7）。

噛みくだいて言うなら、エネルギーを当てることで、筋肉にハードな筋トレをしているような刺激が与えられ、筋肉が鍛えられて筋肉量の増加が期待できるということです。

1回20～30分の治療で、約2万回の腹筋運動と同程度の運動量を得られるといわれています。

［図表6］筋収縮のイメージ

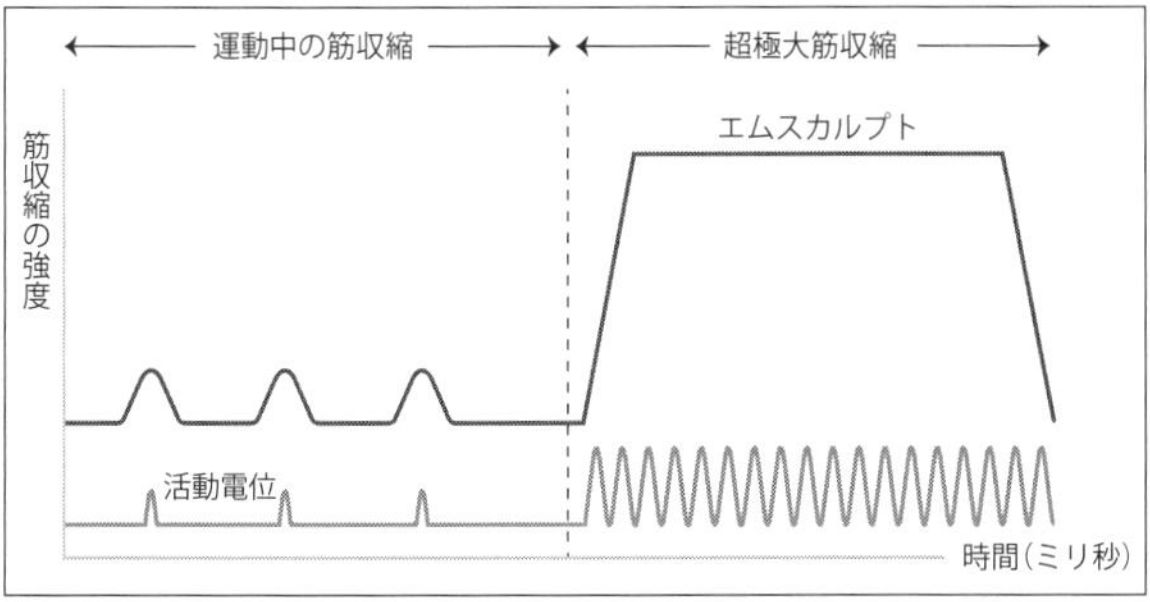


出典：エムスカルプト日本公式サイト

［図表7］エムスカルプト施術前と施術後の筋肉のイメージ

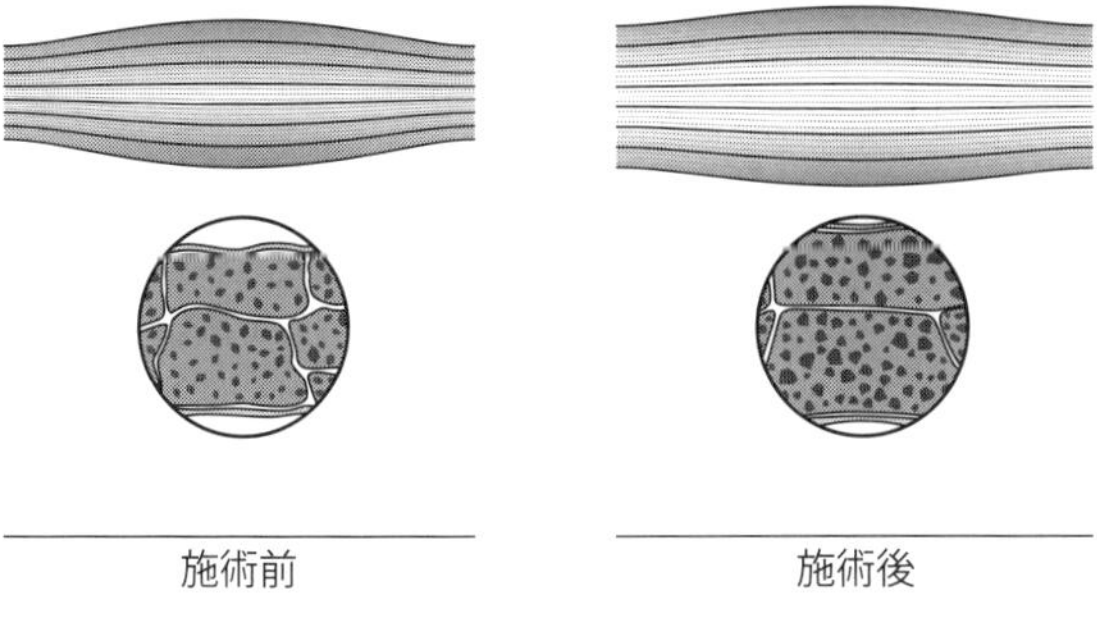


出典：エムスカルプト日本公式サイト

写真3
エムスカルプト施術風景

出典：BTL Japan 株式会社

## エムスカルプトの治療の流れ

エムスカルプトの治療はとても簡単で、患者さんはベッドに横になるだけです。専用ベルトを使用して、アプリケーターを装着したら、専門のスタッフが照射をスタートします。

1回の施術は、各部位とも約20～30分となります。その間、ウォーミングアップ（自発的収縮）、超極大筋収縮、リラックス・クールダウン（老廃物の排出）の3つの刺激パターンを組み合わせ、段階的にパワーを調整しながら筋肉に刺激を与えます。

現在、治療を受けられる部位は次のとおりです。

・腹部
・臀部（ヒップ）
・二の腕
・太もも
・ふくらはぎ

施術中に激しい痛みはありませんが、筋肉を激しく収縮させるため、違和感や不快感を覚える場合もあります。

痛みの感覚は個人差が大きいものですが、出力レベルは患者さんの体調に合わせて調整できるので、施術中、痛みや違和感が強い場合には、我慢せずに担当医に伝えるようにしてください。

私も、患者さんに治療を始める前に自身で試してみたのですが、痛みはなく、筋肉をつまみ上げられているような、不思議で、なんとも表現しがたい初めての感覚がありました。深い部分を刺激されているせいか、治療中ずっと「うぉぉ」「おおっ」と思わず声がもれてしまいました。翌日にはいわゆる筋肉痛を感じました。

## 非侵襲性で安全性が高い

エムスカルプトは非侵襲性のため、ダウンタイム（回復時間）は基本的にはありません。「侵襲」という単語は聞き慣れないかもしれませんが、例えば手術で切開するなどで身体を傷つけることを指します。エムスカルプトは皮膚を切ったり針を刺したりなどしない分、安全性が高いといえます。

また、エムスカルプトは、先述のとおり電磁力で運動ニューロン（運動神経細胞）を刺激するＨＩＦＥＭエネルギーを用いており、熱を発生させません。またＸ線やＣＴのような放射線を使用するものでもないので被ばくする可能性もありません。

人によっては、私のように施術後に筋肉痛のような痛みや身体の重だるさを感じることもあります。これは、ふだんのスポーツやレジャー等で起こる筋肉痛と同様、通常２日～１週間程度で自然に解消されます。また、治療部位に赤みや熱感、軽い腫れが起こる場合もありますが、こちらも日ごとに自然に軽快します。

施術後の行動制限などは特にありませんが、施術後数時間は身体が栄養を吸収しやすい状態になっているため、暴飲暴食や飲酒は避けたほうがよいでしょう。

## ウエストシェイプアップ、ヒップアップがピンポイントで叶う

エムスカルプトはいわゆる「部分痩せ」にも効果的です。ウエスト、お尻、二の腕などさまざまな部位の引き締めにお勧めです。

・ウエストを引き締めたい
・ウエストにくびれをつくりたい
・腹筋を鍛えてシックスパックにしたい
・お尻を引き締めてヒップアップしたい
・二の腕のたるみを解消したい
・二の腕をほっそりさせたい
・スキニージーンズやミニスカートをはきこなせるようになりたい

これらの悩みが解消できるのはもちろん、特にヒップアップにはかなりの効果が得られ、患者さんからも高評価をいただいています。

ヒップは筋トレでもうまく鍛えることが難しい部位で、頑張っても思うような結果を得られなかったり、太ももまで一緒に鍛えられてしまい、脚が太くなってしまったりということがよくあります。

とはいえ、手術やヒアルロン酸注入といった外科的処置だと患者さんの負担が大きく、術者の腕にも左右されるためリスクが少なくありません。

その点、非侵襲かつパーツにエネルギーを集中させるエムスカルプトは、寝ているだけでヒップを重点的に引き締めることが可能なので、ヒップアップを希望される方には人気の高いメニューになっています。

1週間に1回の間隔で計4回をセットに行うと、より高い効果が期待できます。

ちなみに、ウエストもヒップも引き締めたいなど、複数の部位の治療を受けることも可能です。その際、治療は1回につき1部位を行い、その治療を終えたあと、次の部位に移るようにすることを勧めています。

## 「食で治せぬ病は、医も治せない」

運動や筋力アップで代謝を上げることも大切ですが、ダイエットの基本となるのはやはり食事です。

古代ギリシャ時代に、ヒポクラテスという医者がいました。どこかで一度は名前を見聞きしたことがあるという人も多いのではないでしょうか。

古代には病気を迷信や呪術などで治そうとするなど非科学的な考え方でとらえられていましたが、ヒポクラテスはそれを科学的なものに発展させ、のちの西洋医学に大きな影響を与えた功績で知られ「医学の父」「医聖」と呼ばれています。今でも医学部では、彼の遺した医療者の倫理性や科学的な考え方等が表された『ヒポクラテスの誓い』が、講義で取り上げられるほどです。

そのヒポクラテスは食に関する格言をいくつも残しており、そのなかの有名な一つが見出しに挙げた「食で治せぬ病は、医も治せない」です。食の重要性を説く一言だと思います。

私たちの身体は食べた物でできています。食事は私たちが生きるうえで欠かすことのできない最も基本的な営みといえます。その食を疎かにしてしまえば、いかなる治療法も効力を失ってしまうと、ヒポクラテスは述べているのです。

食事をするということは、栄養を摂ること。当然ながらバランスのとれた栄養状態であることが身体には望ましいといえます。

しかし、前述のとおり、現代日本では糖質過多の食生活に偏りがちで、一方、身体をつくるタンパク質やビタミン、ミネラルなどが不足しがちです。ヒポクラテスの格言になぞらえれば、日々の食事で摂る栄養がバランスの悪い状態になっていたら、クリニックでどんなに良い治療をしたとしても、良い結果は望めない、ということになります。ダイエットにおいてもこれは例外ではありません。

## 食と自身の健康に関心を持つことがダイエットの第一歩

ダイエットは、「引き算」と「足し算」が複雑に入り組んだ方程式のようなものだというお話をしました。栄養のバランスについては、いろいろと学んでいくと、奥が深く、かなり専門的な知識が必要になってきますので、そのあたりは、栄養学に詳しい医師や栄養の専門家などに相談することが望ましいでしょう。

しかし、そうはいっても、毎日あなたが口に入れる食事が、あなたの理想の身体をつくる大切な原材料となるわけです。

しかも、１日３食とすれば、３６５日１年間に１０００回以上も食事を摂る機会があります。それはつまり、あなたは、そんなにもたくさん美しい身体を手に入れるチャンスに恵まれているということです。

このせっかくのチャンスを活かすも殺すも、あなた次第です。

今日は、何を食べようか？　何をどれだけ摂ろうか？

それを選択するのはあなた自身なのですが、より正しい選択をするためには、やはりあなた自身も食に対する意識を高め、ある程度の知識を学ぶ必要が出てきます。

勉強と思うと、ちょっと嫌気がさすかもしれません。

また、知っている気になっているだけの人もいます。

でもこれは、あなたの大事な身体に関わること。

専門的な知識までは必要ありませんが、ちょっと知っているだけでも、より正しい選択につながるはずです。食と自身の身体について、より関心を深めることが、ダイエットを始めるうえで大切な一歩となります。

## 食事指導は人それぞれ異なる

何を食べて何を食べないかは、患者さん一人ひとりの性別、年齢、体格（筋肉質か脂肪が多いかなど）によっても左右されます。一人ひとりの身体に合わせるには、体組成分析も重要です。体組成とは身体を構成している筋肉量や骨格筋量、水分や脂肪のバランスなどです。体組成に個人差がある以上、表向きの食事内容を変えるだけでは必ずしも確実な効果が得られるとはいえません。

そこで、私たちは血液検査と体組成分析結果に基づいた食事指導に力を入れています。具体的な食事指導の前に客観的に栄養状態を把握するため、血液検査と体組成分析を行い、そこで得られたデータをもとに、一人ひとりに合った戦略を立てるようにしています。その人が普段の食事からどの栄養素をどれだけ吸収できているか、どれだけ使えているかを数十の検査項目から読み取り、栄養状態を把握するのです。

## 現代人に起こりやすい「新型栄養失調」

ダイエットでは、足し算が大切であることは、前章でも述べたとおりです。

特に現代人は糖質過多であり、エネルギー過多の食生活である一方で、ほかの必要な栄養素が足りず、それにより不調をきたすケースも多く、「新型栄養失調」と呼ばれます。

この「新型栄養失調」になるケースは、食事がファストフードに偏っていたり、自己流のダイエットによって、同じものばかり食べる傾向になることで起こる状態であり、若い世代の人にもしばしばみられます。

メディカルダイエットにおいての栄養指導は、糖質過多の食生活の適正化と、そのほかの栄養摂取の補正が中心となります。ダイエットの「足し算」については、その人の血液検査の状態を見ながら、個別に必要な栄養素を食事指導やサプリメントなどで補うことになります。

ここでは、私たちがメディカルダイエットをサポートするうえで、ある程度知っておく必要がある栄養素やしばしば補充が必要な栄養素の代表的なものをいくつかご紹介しておきます。

## ①タンパク質

タンパク質は、肉や魚、大豆製品などに多く含まれますが、身体に取り込まれる過程でアミノ酸まで消化されます。吸収されたアミノ酸は肝臓に送られ、筋肉などの主成分となるほか、さまざまな化学物質の合成に使われます。

タンパク質は、例えば牛肉を食べたときは一度、消化・吸収の過程でアミノ酸まで分解されて、人の筋肉のタンパク質として最初から作り直されています。ただし、タンパク質ばかりを食べればすべて筋肉に変わるわけではなく、過剰摂取分は脂肪になります。タンパク質がエネルギー源として使われるのは、飢餓状態など糖質の摂取が減少したときや運動時に限られますが、1gあたり4キロカロリーのエネルギー源になります。また、エネルギー源以外としての働きとして、次に挙げるような重要な役割があります。

・筋肉、皮膚、骨、爪、毛髪など多くの組織や細胞の原料となる。

・生体内での代謝に必須である酵素となる。
・免疫抗体や補体などを合成し、免疫に関わる。
・ヘモグロビンやアルブミン、トランスフェリンなど、血中で酸素や栄養素を運搬する。
・インスリンや成長ホルモンなど、ホルモン産生に関わる。

日本人の食事摂取基準によると、一般的には、タンパク質の1日あたりの摂取量の目安としては、体重1kgあたり0・8gとされていますが、糖質制限などによるエネルギー不足を補正する意味と、分かりやすいという意味で、体重1kgあたり1・0gを目安に摂取するように、お勧めしています。つまり、体重50kgの人であれば、タンパク摂取量は50gという感じになります。この量は、あくまで一つの目安ですので、筋力アップをしたいなどの目的によっては、もっと摂取量を増やしても構いませんし、腎機能障害などの基礎疾患がある場合は、その限りではありません。

タンパク質は、肉類、魚介類、卵類、豆類などから摂取することができますが、これらも偏らずに、今日は豚肉、明日は鶏肉、次の日は魚介、というふうに少しずつ変えていくようにしましょう。同じものを食べ続けると、アレルギーを引き起こす可能性があります。

## ②脂質

脂質は1gあたり9キロカロリーのエネルギー源となりますが、脂質はエネルギー源としての利用だけでなく、次に挙げるような機能的役割を担います。

・細胞膜の構成成分となり、細胞が正常に機能するために不可欠。
・消化吸収に関わる胆汁酸の材料。
・さまざまなホルモンの原料となる。
・脂溶性ビタミンとして機能する。
・プロスタグランディンという生理活性物質の前駆物質として、炎症の発生や抑制に関与。

脂質は悪者に思われがちですが、このように身体に不可欠な栄養素です。問題となるのは、「質」です。どんな油を摂取するかで、身体に有益に働くのか、有害に働くのかがまったく異なります。

まず有害で避けるべきなのは、トランス脂肪酸です。ファストフードやマーガリンなど、高度に加工された加工食品に多く含まれています。トランス脂肪酸は、長期過剰摂取により肥満の原因となったり、血中の悪玉コレステロールを増加させたりして、心筋梗塞などのリスクを高めるといわれています。ファストフードや加工食品で摂れる油は、基本的には有害なものであると認識してください。

一方で、積極的に摂取したほうがよい油は、ω３系の脂肪酸で、αリノレン酸に代表され、魚油や亜麻仁油などに含まれます。αリノレン酸は、人間の体内で作られることはない必須脂肪酸で、代謝されると、ＥＰＡやＤＨＡになります。このＥＰＡやＤＨＡは、サバなどの青魚に豊富に含まれていますが、ＥＰＡやＤＨＡなどの良質な油を摂取することで、虚血性心疾患のリスクが減少したり、脳神経や眼の機能に重要な役割を果たすことが知られているほか、体内でのＧＬＰ－１分泌を高める効果もあります。

### ③糖質

糖質は、エネルギー産生・貯蔵に特化した栄養素です。糖類は、グルコースやフルクトースに代表される単糖類、ショ糖や麦芽糖のような二糖類、でんぷんやグリコーゲンのような多糖類に分類されます。

これらの糖類は、アミラーゼなどの消化酵素によって最終的に単糖類にまで分解され、体内に吸収されます。人は単糖類を摂取した場合には、いっさい消化する必要がなく、そのまま吸収できるため、迅速なエネルギー源となり、糖質1gあたり4キロカロリーのエネルギー源となります。また、肝臓に運ばれた糖質が肝臓と筋肉によってグリコーゲンとして蓄えられます。肝臓に蓄えられたグリコーゲンは主に血糖値の維持に使われ、筋肉に蓄えられたグリコーゲンは、筋肉運動のためのエネルギー源として使われます。

以上、タンパク質、脂質、糖質は体内でエネルギー源として利用され、三大栄養素と呼ばれたりします。

そのほか、ビタミンやミネラルについては、種類が多岐にわたるため、我々がダイエットを希望する方の血液検査を見て、特に不足している傾向が多いものを取り上げてみます。

### ④ビタミン

【ビタミンB群】

ビタミンB群は、水溶性ビタミンで、ビタミンB1、ビタミンB2、ビタミンB6、ビタミンB12、ナイアシン、パントテン酸、葉酸などが含まれます。これらは、単独で効果が発揮されにくく、互いに助け合いながら働くため、一緒に摂取するのが望ましいとされます。豚肉や鶏肉、うなぎやカツオなどの動物性食品に多く含まれています。エネルギー代謝に欠かせない栄養素であり、効率よくダイエットをするうえでも、積極的に摂取することが望ましい栄養素でもあります。

### 【ビタミンD】

ビタミンDは、脂溶性ビタミンで、特に現代人に不足しがちな栄養素です。カルシウムの吸収を助ける働きがあり、歯や骨の維持に欠かせませんが、最近では、それ以外のさまざまな機能が知られるようになってきました。血糖値を調整する機能や、花粉症などの免疫機能の調整、男女とも妊娠能力を向上させる機能のほか、うつ病などの精神疾患との関連もあるといわれています。

紫外線を浴びることによって、体内で生成されますが、ステイホームなどで外出の機会が減ると、今後ますますビタミンD不足が問題になってくるかもしれません。ビタミンDは、鮭やキノコ類に多く含まれます。

### ⑤ミネラル

**【鉄】**

鉄は、女性に不足しがちなミネラルです。不足すると、貧血になり、倦怠感や頭痛、めまいなどの原因になりますが、ドーパミンやセロトニンなどの神経伝達物質の生合成においても必須のものであり、鉄欠乏の状態は、うつ状態や睡眠トラブルの原因にもなり得ます。食品から摂取できる鉄は、主にレバーなどに多く含まれる動物性由来のヘム鉄と、ホウレン草などに多く含まれる植物性由来の非ヘム鉄があります。吸収の面から考えると、動物性のヘム鉄のほうが効率よく体内に吸収されます。植物性の非ヘム鉄は、ビタミンCなどと同時に摂取することで、吸収率が上がります。

**【亜鉛】**

亜鉛は、体内の酵素に深く関係しており、３００種類以上の酵素活性の中心的な存在であり、約２０００もの補酵素となるため、あらゆる代謝に不可欠なミネラルです。亜鉛は、牡蠣や牛肉に多く含まれるほか、本来はさまざまな動物性食品に含まれる栄養素ですが、食品の加工や精製の過程で、食品に含有される亜鉛は減ってしまいます。また、アルコール摂取により消費され、ストレスによって尿中に排泄されてしまいます。加工食品を手に取る機会が多く、そのうえストレスの多い現代社会では、亜鉛欠乏症の方が非常に多く見られます。亜鉛は、インスリンの合成や分泌にも関わるため、血糖のコントロールにも重要な役割を持っています。そのほか、亜鉛が不足すると味覚障害や抜け毛、男性不妊の原因にもなり得ます。

### ⑥食物繊維

ビタミン、ミネラルに加えて、もう一つ紹介しておきたいのが、ダイエットにおける食物繊維を摂取することの重要性です。

食物繊維は、グルコースなど単糖類が長い鎖のように連なった構造の複合炭水化物です。同じ複合炭水化物であるでんぷんとは、単糖同士の結合の仕方が異なっているため、でんぷんのように消化酵素では分解されません。

食物繊維には水溶性食物繊維と不溶性食物繊維の２種類があります。

水溶性食物繊維は、水溶性で発酵する性質があり、腸内細菌によって分解され短鎖脂肪酸を生成します。この短鎖脂肪酸は、腸粘膜のエネルギー源となり、腸内を弱酸性に保ち、悪玉菌を抑制したり、炎症を抑えたりする働きが知られています。水溶性食物繊維は便中の水分量を増やし、便を柔らかくしたり、腸内で胆汁と結合し、胆汁排泄を助けたりすることで、血中コレステロールを下げ、心疾患の予防の助けになったり、小腸でのグルコース吸収を遅らせることで、糖尿病の予防にもつながります。

一方、不溶性食物繊維は溶けにくく発酵しにくい特徴があり、腸のぜん動運動を促進したり、便秘を改善したり、食品の容量を増やすことで満腹感が出やすいので、食べ過ぎの予防や体重管理の助けにもなります。また、便の通過速度を速めることで、大腸憩室炎や痔、虫垂炎のリスクを下げることにもつながります。なお、ＧＬＰ－１は腸から分泌されるため、腸内環境の改善は体内でのＧＬＰ－１分泌を高めます。そういった理由からも、食物繊維の摂取はダイエットに非常に有効であると言えるでしょう。

## 糖質の摂取とインスリン

三大栄養素の特徴を比較してみると、タンパク質と脂質は、エネルギー源として以外にも、生体にとっては重要不可欠な働きがあるため、安易に引き算してしまうと、身体機能に支障を来してしまう可能性があるということになります。一方、糖質は、迅速なエネルギー源とその貯蔵に特化した栄養素です。つまり、「引き算」を考えるのであれば、まずは糖質を中心に考えれば最も分かりやすい、ということにもなります。

なお、糖質を摂取すると、膵臓から「インスリン」というホルモンが分泌されます。インスリンは血中のブドウ糖を細胞内に取り込む働きがありますので、たくさんの糖質を摂れば、その分多くのブドウ糖が、脂肪細胞へと送り込まれることになります。そうして、脂肪細胞に送られたブドウ糖は、ここで中性脂肪となって私たちの身体に蓄えられてしまうのです。

要するに、インスリンは血中の糖分を脂肪に変えて貯め込む貯蓄用のホルモンなのです。

そして、このインスリンの作用によっていったん貯蓄用の脂肪に変換されてしまったブドウ糖は、次に必要なエネルギー源として消費されるまでには相当な時間がかかってしまいます。というのも、エネルギーに変換しやすいブドウ糖がほかにもたくさん存在している状態であれば、まずはそちらのほうから優先的にエネルギーとして消費されてしまうので、貯蓄用に回された脂肪は、なかなか消費されないままに身体にどんどん溜まっていってしまうのです。

近年、「糖質制限ダイエット」が広く知られるようになってきましたが、「引き算」の面からも、糖質が脂肪に変わる過程を見ても、この糖質を制限するという考え方そのものは、なかなか理にかなっていると言えます。

ですが、糖質中毒気味の人が急に厳格な糖質制限を始めても、調子を崩したり、挫折したりします。そこで私たちは、後述する血糖モニタリングなどを用いながら、日々の食事と血糖値の変化を意識していただき、糖質摂取量を患者さん自身が少しずつ調整できるよう指導していきます。

## 食べ物によって異なる血糖値の上がり方を知る

血糖値が上がると膵臓からインスリンが分泌され、このインスリンの分泌が脂肪合成を高めることは、前にも書きました。ですので、食事による血糖値の上昇はなるべく避けるようにメディカルダイエットでは指導をしていきます。

血糖値の上昇が食べ物によってどれくらい異なるのかが分かるＧＩ値という指標があります。ＧＩとは、グライセミック・インデックス（Glycemic Index）の略で、食後血糖値の上昇を示す指標のことです。ＧＩ値は、最も早く血糖値が上がるブドウ糖を１００の最高値として、ＧＩ値70以上の食品が高ＧＩ食品、56～69の食品が中ＧＩ食品、55以下の食品が低ＧＩ食品と分類されています。低ＧＩの食品には、肉類、魚介類、大豆、ナッツ類、卵や乳製品、葉野菜、キノコ類、海藻類などが挙げられます。対して高ＧＩの代表は、砂糖やはちみつ、白米や食パンなど炭水化物の多い食品となります。

ＧＩ値が高い食品を食べると、血糖値は急上昇します。逆に、ＧＩ値が低い食品を食べたとき、血糖値はゆるやかに上昇します。ただし調理法や食べ合わせによっても変わって

## ［図表8］主な食品のＧＩ値

| | | | | |
|---|---|---|---|---|
| 穀物・パン・麺類 | あんぱん | 95 | スパゲッティ | 65 |
| | フランスパン | 93 | 日本そば | 59 |
| | 食パン | 91 | ライ麦パン | 58 |
| | もち | 85 | 玄米 | 56 |
| | 精白米 | 84 | オールブラン | 45 |
| | うどん | 80 | はるさめ | 32 |
| 芋・野菜類 | じゃがいも | 90 | さつまいも | 54 |
| | にんじん | 80 | たまねぎ | 30 |
| | やまいも | 75 | ブロッコリー | 25 |
| | とうもろこし | 70 | 葉野菜 | 15 |
| 菓子類 | あめ | 108 | ポテトチップス | 60 |
| | チョコレート | 91 | プリン | 50 |
| | せんべい | 89 | ゼリー | 46 |
| | ショートケーキ | 82 | ピーナッツ | 30 |

全国健康保険協会「食品別ＧＩ値早見表」を基に作成

きますので、図表8はあくまで目安として参考にしてください。

GIを提唱したオーストラリアのシドニー大学でGIデータベース（英文）(http://www.glycemicindex.com) が公開されています。

こうしてみると分かるように、同じお米でも、玄米と精白米のGI値が違うように、加工や精製の過程を経た食品なのかどうかによって、吸収のスピードが変わってきます。玄米や全粒粉を用いた食品など、精製されていない炭水化物は、消化や分解に時間がかかる一方で、精製された炭水化物は、消化のスピードが速く、糖に分解されやすい状態なので、一度にたくさんの糖が血中に入り、血糖値の急上昇をきたします。この血糖値の急上昇は、後述する「血糖スパイク」と呼ばれる状態であり、ダイエットにおいても、生活習慣病のリスクという面においても、注意が必要なのです。

## 気を付けたい急激な血糖値の上昇、「血糖スパイク」

精製された炭水化物を一度に大量に摂ると、「血糖スパイク」と呼ばれる急激な血糖上昇が起こります（図表9）。

この急激な血糖上昇に伴い、インスリンも過剰に分泌されてしまいますが、すると、今度は、大量のインスリンによって血糖値が急激に下がり、ひどいときは低血糖の状態に陥ります。低血糖の状態は、身体にとっては生命維持に必要なエネルギーが枯渇している危険な状態であり、身体はその緊急事態に備えようと、交感神経が活発になります。交感神経刺激状態になると、発汗や動悸のような身体症状のほか、疲労感や集中力の低下、眠気、気力の低下などを引き起こすことになります。このような状態は「隠れ低血糖」と呼ばれ、しばしば日常診療においても見過ごされていることも多く、その症状から、うつ病や自律

［図表9］食事と血糖スパイク

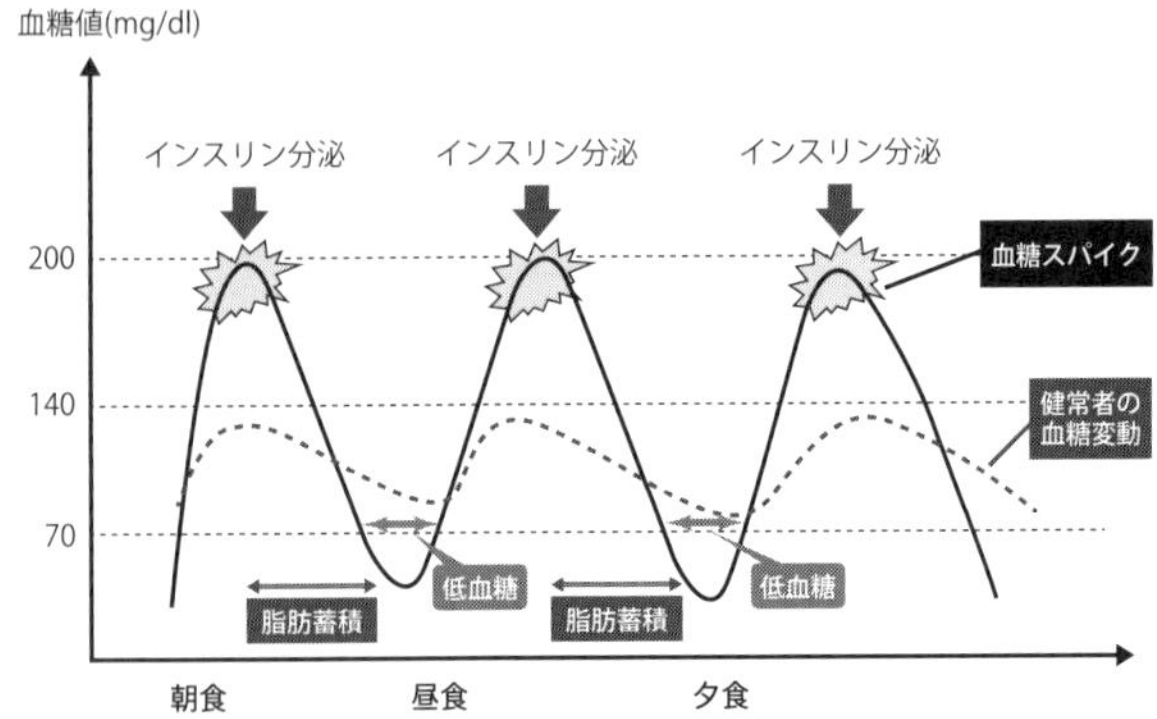


神経失調症などと誤診されてしまい、精神科や心療内科でそのまま治療を開始されてしまうケースもあります。

　また、インスリンが大量に分泌されるということは、脂肪を溜めこもうとして太りやすくなるということでもありますが、血糖スパイクが日常的に繰り返され、慢性的にインスリンが過剰な状態が続くと、過剰反応を防ごうと、細胞内のインスリンレセプターは徐々に減少していきます。そうなってくると、インスリンが分泌されても反応しない、インスリン抵抗性という状態になってしまいます。インスリン抵抗性によって、ますますインスリン分泌が促進される悪循環が長期に続くと、結果的にインスリンを分泌する膵臓の$\beta$細胞が疲弊し、インスリン分泌ができなくなり、糖尿病になります。

ですから、肥満も糖尿病の予防も、まずは食後血糖をチェックすることがとても大切です。

血糖値については、常に変動しているため、本当に異常があるかどうかは食後血糖値を見ないと分かりません。血糖値は、食後1時間前後で最大となり、2、3時間後には下がります。糖尿病の診断基準は、空腹時血糖126mg／dℓとされていますが、そこで異常が見つかった場合は、糖尿病という診断のもと、もう治療が必要な状態です。しかし、そうした病気という診断が下されるもっと前から、実は身体の中では異常が起こっていて、それを見逃していたり放置した結果、糖尿病となるわけです。その異常というのが、食後高血糖という状態です。

ある男性の食後血糖の測定結果です。

食後0時間　血糖値　95mg／dℓ
食後1時間　血糖値　195mg／dℓ
食後2時間　血糖値　138mg／dℓ
食後3時間　血糖値　102mg／dℓ

この結果から、どのような状況が考えられるでしょうか？

１時間後の食後血糖値が１９５㎎／dℓとかなり高値になっています。そこからまた血糖値が下がって正常化しています。これは、食べたものによって、急激に血糖値が上がっている状態で、これが「血糖スパイク」です。

血糖スパイクによってインスリンが大量に分泌されて血糖値が下がっていった、ということが考えられます。通常は、食後血糖値は１４０㎎／dℓくらいまでにとどまるのが普通なので、この例ではかなりの量の糖質の吸収があり、その結果、高血糖を下げようとして、過剰なまでのインスリン分泌が起こっているということになります。

このようなケースでは、空腹時採血のみで判断する普通の健康診断で「異常なし」と判定されることがほとんどです。

ですが、こうした血糖スパイクが、毎食後や毎日起こっているとしたら、これまで説明したような、肥満や膵臓の疲弊につながり、いずれ糖尿病を発症してしまうでしょう。

血糖スパイクの状態を極力減らすために、食事と運動を見直す必要があります。

食事に関しては、糖質の量を減らすことが必要です。糖質の摂取量を減らすことで、血糖値の上昇が抑えられるからです。また、ゆっくりよく噛んで時間をかけて食べることも大事です。急いで食べる、つまり短時間で糖を吸収することは、血糖スパイクにつながります。食物繊維などをしっかり摂ることもお勧めで、糖の吸収が穏やかになります。

また、食事の内容や食べる順番、食事にかける時間なども見直すことが大切です。

あとは、運動です。あまり負荷の高い激しい運動はしなくてもよいですが、食後に軽い運動をするのもよいでしょう。食後1時間くらいの血糖値のピークに合わせて、30分ほどのウォーキングなどが効果的です。

運動する、すなわち筋肉を動かす際、筋肉細胞の中に糖が取り込まれ、それが筋肉を動かすエネルギーとなります。したがって、運動することで、細胞内への糖の取り込みがスムーズになるので、その結果、膵臓への負担を減らすことにもつながります。

## 血糖値は自分で手軽に測れる

いかに血糖値を上げない食事を摂るかという意味では、血糖値の目に見える変化は非常に効果的です。とはいえ、血糖値はそうそう気軽に測れるものではないだろう、と考えるかもしれません。血圧なら、今は手頃な値段で家庭用の血圧測定器が入手できますが、血糖値の自己測定器は採血の必要があるため、原則医療機器として医療機関で扱われるものが主流です。

しかしここ1年ほどの間に、採血を必要とせず血糖値が測定できる機器が登場しています。その一つがこれから紹介する「リブレ®」です。

血糖値を自己測定する方法には、血液中のブドウ糖を測る方法と細胞周囲を満たしている間質液中のグルコース（ブドウ糖）を測る、二つの方法があります。

従来型の、現在も多くの糖尿病診療の場で使われている自己血糖測定器は、血液中のブドウ糖を測るタイプのものですが、前述のとおり測定のたびに指先に針を刺して微量の血液を採る必要があるため、痛みを伴うほか、使う場所を選ぶなどのデメリットがあります。

対して、近年開発されたのはグルコース値を測るタイプの自己血糖測定器です。グルコース値は血糖値そのものではありませんが、近似値となり血糖の状態はこれでも十分に分かります。なんといっても、測定に血液を必要としないので指先穿刺がいらず、したがって痛みも生じないのが特長です。

リブレは、後者のグルコース値を測るタイプの自己血糖測定器です。センサーを装着し、リーダー（読取装置）を「ピッ」とかざすだけで測定できます。いつでもどこでも、もちろん自宅でも使えます。

リブレは、センサーとリーダー（読取装置）を基本のセットとして使用します。

センサーは５００円玉大ぐらいの大きさで平たいコインのような形をしており、上腕部に装着して使います。一つのセンサーで測れる期間は24時間×最大２週間。センサーは強い粘着力をもつパッチでつけられており、リーダーをかざす以外にも自動で測定を記録します。装着中はもちろんシャワーや入浴をしても問題なく、水泳もできる耐水性を備えています。

センサーを取り付けるためのアプリケーターには針が付いていますが、装着時は「バチン」という大きな音とともに腕を弾かれるような感覚があるだけで、痛みはほとんどありません。ちなみに、アプリケーターに付いている針は装着時だけに使うもので体内に針は残らず、また、センサーにも針は付いていません。

リーダーは非接触タイプで服の上からも測定でき、画面ですぐに測定値やグラフを確認できるほか、タッチスクリーンで食事のメモなどを記入することもできます。測定データは約90日間保存され、直近のデータだけでなく、１日の変動パターンや、食事時間の変動パターンなどいろいろなグラフを見ることが可能で、データは、専用ソフトを使ってＰＣに保存することもできます。

## 血糖値のモニタリングで食の改善につなげる

リブレを使うと、自分の血糖値はどれくらいなのか、何を食べたらどれぐらい数値が上がるかなどがすぐに分かります。実際に血糖値の数値を見ると、想像以上にインパクトがあります。

当院にいらしたある患者さんは、リブレを装着したあとにまんじゅうを一つ食べただけで、「あっという間に血糖値が１８０以上にまで上昇したのを実際に見て、心臓がドキンとするほど驚いた」と言っていました。

その方は食べることが大好きで、15時のおやつにスイーツが欠かせなかったそうですが、

２週間のリブレ体験後、おやつの頻度はぐっと減ったということです。いわく「今までの自分の食生活が怖くなった」とのことで、以来、「いつ、何を食べるか」を自然と意識するようになり、スーパーでの買い出しや外食などの際にも、考えて選ぶクセがついてきたといいます。

リブレは、２０１４年に欧州で発売されて以来、世界46か国以上で提供され、世界で２００万人以上の糖尿病患者に使用されている医療機器です。

日本では２０１７年１月に発売され、おもに１型糖尿病患者さんに使われていましたが、２０２０年の診療報酬改定により算定基準が見直され、２型糖尿病患者さんにも使いやすくなりました（保険適用には強化インスリン療法を受けているなどの条件あり）。

それ以外の、ダイエットや健康管理などを目的とする場合は、自由診療にて使うことができます。

当院では皆さんにリブレの使用を推奨しています。希望する方には来院時にセンサー（２週間分）を装着し、リーダーをお渡ししています。費用は初回の来院の料金に含まれています。自分の血糖値をモニタリングできる機会はなかなかないと思いますので、ぜひ、皆さんに試してもらいたいと考えています。
まず、自分の血糖値を知ること。それが年々増加している糖尿病や糖尿病予備軍を減らし、肥満予防に大きく貢献すると確信しています。

## 「ケトン体」をエネルギー源に

これまでの大半の考え方では、糖質（ブドウ糖）は身体にとってなくてはならない栄養素で、特にブドウ糖以外は脳に必要なエネルギーを供給できないともいわれてきたのですが、実は「ケトン体」も脳に対して必要なエネルギーを供給できることが分かってきました。

ケトン体は、もともと体内に存在する物質で糖質から作られるブドウ糖と並んで、人間のエネルギー源の一つです。糖質から作られるエネルギー源がブドウ糖なのに対して、ケトン体は脂肪酸から作られます。

以前は、糖尿病患者では血中のケトン体が増加すると、糖尿病性ケトアシドーシスなどの急性の重篤な合併症を起こすとして、医療者の間でもケトン体は悪いイメージを持たれてきました。ところが、近年では、糖質に代わるエネルギー源としてのみならず、神経保護作用や臓器保護作用などもあることが知られ、注目されています。

## ケトジェニックダイエットとＭＣＴオイル

糖質制限とともに、最近よく耳にするのが、「ケトジェニックダイエット」という言葉です。ケトジェニックダイエットは、糖質の摂取を抑え、良質な脂質とタンパク質を中心に摂取し、体内のエネルギー源をブドウ糖からケトン体に切り替えるダイエットです。したがって、糖質制限ダイエットもケトジェニックダイエットも、糖質摂取を控えるという点では共通していますが、ケトジェニックダイエットは、それに加え、積極的に良質な脂質を摂取するということに主眼がおかれていると理解すると、分かりやすいでしょうか。

なお、ケトジェニックダイエットにおいては、ココナッツオイルやＭＣＴオイルがしばしば話題に挙げられます。

ココナッツオイルは、一般の植物油と違い、飽和脂肪酸といって、常温で固体となる性質があります。飽和脂肪酸は、肉の脂肪や乳製品に多く含まれ、体内でも固まりやすく、動脈硬化の原因となるため、控えたほうがよいといわれてきましたが、構造が安定していて酸化されにくいというメリットがあります。

また、ＭＣＴオイルは、ココナッツに含まれる中鎖脂肪酸（Medium Chain Triglyceride）という成分のみを抽出したオイルのことです。

ＭＣＴオイルは、一般的な植物油である長鎖脂肪酸に比べて、分解されやすく、速やかにエネルギーとして利用されやすい構造となっているため、ケトジェニックダイエットの際には、重要なエネルギー源として使用されるのです。

## 食事の摂り方、消化吸収で変わる――マインドフルに「食」と向き合う――

日々、何を食べるか、その毎日の選択があなたの身体をつくっていきます。しかし、その選択が正しかったとしても、摂取したものがきちんと消化吸収されなければ、どんなに優れた食材でも、あなたの身になりません。したがって、良い食材を選択し、なおかつ消化管の機能を正常に保つ必要があるのですが、実際には、消化管機能は、副交感神経という自律神経で制御されており、自身で直接コントロールすることはできません。副交感神経とは、リラックスした状態で機能が発揮される、身体の自動調整機能です。したがって、私たちは、副交感神経の機能が発揮される環境で食事を摂れるかどうかで、摂取した栄養素をより効果的に身体に取り入れられるかどうかが変わってきます。

例えば、ストレスや心配ごと、イライラなどがあれば、副交感神経はうまく働かなくなりますので、テレビを見ながら、仕事をしながらなどの食事の仕方は、消化管機能を妨げる原因となります。

逆に、消化機能を良くする食事の摂り方としては、五感で食事を楽しむことです。

マインドフルネスという言葉をご存じでしょうか？　ＧｏｏｇｌｅやＩｎｔｅｌなどの大企業や、スポーツ選手や政治家・経営者の多くが取り入れている習慣です。マインドフルネスとは、「瞑想」と解釈されていますが、正確に言えば、「今その瞬間に意識を集中する」「身体感覚に集中する」ことです。食事をする際に、例えばレーズンを口の中に入れ、その舌ざわりや口の中に広がる香り、口の中で変化する味の変化、そして飲み込むときののどを通る感覚など、文字どおり「五感で味わう」のが、マインドフルネスによる食事方法です。

マインドフルネスは、副交感神経の働きを促す手段としても注目されているものなので、食事にマインドフルネスを取り入れることは、消化吸収機能を上げる有効な手段と言えるでしょう。個人的には、マインドフルネスを食事に取り入れ、食と真摯に向き合い、食材や料理を作ってくれた人への感謝を噛み締めることが、消化吸収を助け、あなたの食事と健康にとって最良の食事方法であると考えます。

## ファスティングの注意点

最近は「断食ダイエット」に挑戦する人も多いようです。断食ダイエットはもはや体験型イベント化していて、希望者がリゾート施設や寺院などで2、3日、生活をともにしながら取り組む合宿形式での断食ダイエットも流行っています。

ファスティングに関心を持つ人のなかには、ダイエット効果を期待して始めようとする人も多いかと思います。もちろんシンプルに考えれば、食べなければ痩せるはずですので、当然一定の効果は期待できるとは思います。

私個人も、ファスティングの機会を意図的につくること自体は、現代人にとって有益であるとも考えています。

ですが、ファスティングには、「食べなきゃ痩せる」という単純な引き算効果よりも、胃腸を休ませるという効果のほうがむしろ大きな意味があると考えます。

というのも、日常生活では、糖や脂質の過剰摂取だけでなく、多くの添加物や農薬などの有害物質を知らず知らずのうちに摂取し、消化吸収を司る胃腸を中心とした臓器に負担がかかり、内臓機能や代謝機能に悪影響が出かねないからです。

特に、胃腸をはじめとする消化管は、毎日あなたの身体をつくる栄養素を消化吸収し、代謝の基盤を担う大切な臓器です。また、消化管粘膜は外界に晒されており、あなたを有害物質から守ってくれる免疫の最前線で活躍する臓器でもあります。

ファスティングには、胃腸を休ませ、こうした体内の毒素や老廃物を除去する解毒効果や代謝改善効果が期待できる側面が大きいのです。

したがって、ファスティングは消化管を労わり、休ませる目的で取り組むべきであり、ダイエットの安易な一手段と考えるべきではありません。

逆に、ファスティングを単純な引き算としてだけで考えて取り組んでしまうと、体調を崩しかねませんので、もし取り組んでみようと思われるのであれば、独学ではなく、知識や経験を持った人の指導のもとで行うべきかと思います。

## 食事制限と低血糖

なお、ファスティングに限らず食事制限をするうえでは、前述した「ケトン体」をエネルギーとして活用できる状態が望ましいのですが、理想を言えば、ご自身が「空腹を楽しめる」ことがベストだと思います。

しかし、急にそれをやれと言われてもなかなか難しいのが現実ですし、慣れないうちは、厳格な糖質制限をすることによる低血糖発作にも注意が必要です。

血糖は、炭水化物の摂取によって上がりますが、そのほか、肝臓や筋肉でも糖新生といって、糖を作り出し、エネルギーを生み出すことができる仕組みもあります。

ところが、筋肉量が少ない人や、飲酒などで肝機能が低下している人が極端な糖質制限を行うと、糖新生がうまくできずに、低血糖になりやすいのです。

低血糖発作は、血糖値が上がらず、交感神経が高ぶり、頭痛やふらつき、動悸や冷や汗、手足の震えなどの身体症状が起こるほか、判断力の低下、イライラ、疲労感や倦怠感などの精神症状が起こり得ます。

そういった症状が起こるようであれば、急に無理な糖質制限はせず、タンパク質と脂質を摂ったあとに、糖質を少しだけ摂るなど工夫しながら、糖質摂取量を調整していくとよいでしょう。

## 栄養療法の観点から見たサプリメント

先述した、ヒポクラテスの「食」を「医」とする考え方は、現代でも「分子整合栄養医学」に基づいた栄養療法に通じるものがあり、私たちのクリニックでもその考えに基づいて、栄養指導を行っています。

この栄養療法は、オーソモレキュラー療法とも呼ばれ、二度のノーベル賞を受賞したライナス・ポーリング博士によって命名されました。

オーソモレキュラー療法（栄養療法）とは、私たちの細胞を構成する分子のバランスの乱れを、栄養素（サプリメント）を用いて整えていく治療方法です。海外では、うつ病やパニック障害からがんの治療まで広く実践されています。

不足している栄養素を「至適量（最適量）」にまで補給し、生体構成分子を本来あるべき正常な状態に整えることで、個々の自然治癒力を高め、病気の進行を防いだり、症状の改善を目的としています。さらには、病気の予防にも役立ちます。

栄養療法で用いられるサプリメントは、病気の治療に用いられるものであり、米国では「メディカルグレード」と呼ばれ、市販されているサプリメントとは一線を画すものとなっています。

## メディカルグレードの特長

メディカルグレードは、市販されているサプリメントと以下の点で異なります。

・医療機関でのみ取り扱われる
・医師の使用に耐え得る高含有量
・天然由来の高品質原材料
・製造過程で体温以上の熱に晒されていない

・医薬品製造に求められるＧＭＰ規格を１００％遵守して生産される

なお、ＧＭＰとは「Good Manufacturing Practice」の略で、薬機法に基づいて厚生労働大臣が定めた、医薬品などの製造および品質管理基準です。

医薬品については、従来より製薬メーカーに対して、製品の安全性・品質においてＧＭＰの基準を遵守するよう義務付けられていますが、健康食品や市販のサプリメントには義務付けられてはいません。しかし、メディカルグレードに限らず、数ある市販のサプリメントや健康食品のなかでも、ＧＭＰ認定されているかどうかは、安心で確かな品質かどうかの一つの目安となるでしょう。

## 人工甘味料には注意

最近、よく目にする「糖質オフ」「カロリーゼロ」という商品にも、注意が必要です。

糖質オフの飲料水やお菓子などには、ほとんどの場合、人工甘味料が使われています。アスパルテーム、サッカリン、スクラロース、アセスルファムカリウムなどが挙げられます。

例えば、アスパルテームは、フェニルアラニンやアスパラギン酸から化学合成された人工甘味料で砂糖の200倍近い甘みがあり、食後血糖を上げない特徴があるとされています。

しかし、実際には興奮毒に分類され、依存性があり、摂取することによって甘いものやジャンクフードへの欲求を高める作用が懸念されています。また、セロトニンという神経伝達物質の分泌を抑制して食後の満腹感を阻害して、食べ過ぎを助長するため、糖尿病を悪化させたり、発がんのリスク、腸内細菌叢《そう》を乱す原因にもなることが指摘されるなど、身体への悪影響が報告・懸念されるため、「糖質ゼロ」「カロリーゼロ」と書かれていると、一見安心・安全のように見えるかもしれませんが、極力避けたほうがよいでしょう。

なお、そういった懸念のない甘味料には、糖アルコールという、構造式がアルコールに似た甘み成分のものがあります。糖アルコールは、果物などの天然食材に含まれ、キシリトール、ソルビトール、エリスリトールなどの種類があります。これらは体内に吸収されにくく、特にエリスリトールは血糖値をほとんど上昇させない、安全性の高い甘味料と考えられています。

ただし、大量に摂取すると、下痢などおなかが緩くなってしまうこともあります。

## GLP−1分泌を高める食生活を心掛ける

食事指導の中心は、適正なエネルギー量と栄養バランスをいかに考えるかが基本ですが、そこに、食事の時刻や食べるスピード、食べる順序など「時間」の概念を取り入れた「時間栄養学」という考え方が近年注目されています。

具体的な例としては、「食物繊維などを食べたあとに糖質を摂ると、糖の吸収が緩やかになる」などは、雑誌やネットなどで見たことがあるという人もいるかもしれません。

実際に、食物繊維に限らず、肉や魚などのタンパク質を先に食べても血糖の上昇が抑えられることが知られています。

このような例としてはほかにも、朝食の摂取の有無と肥満・メタボリックシンドロームの関係も指摘されており、朝食を摂らない習慣が、肥満やメタボの原因となるとされています。その理由に体内時計の異常によるエネルギー消費の低下が原因であるという意見もありますが、ほかの朝食に関連する研究では、朝食を摂ることで、朝食後に生体内でＧＬＰ－１が分泌されるため、昼食時のインスリン分泌がスムーズになり、その日の血糖上昇が抑制されるという報告もあります。

つまり、朝食を摂るということは、自身の腸からのＧＬＰ－１分泌を高めることにつながるということです。こういった報告からも、ダイエットをするのであれば、むしろ朝食を抜かないほうが望ましいと言えるでしょう。

また、栄養の項目でも少し触れましたが、ＧＬＰ－１は小腸から分泌されるホルモンであり、腸内環境が悪いと、その分泌も低下してしまう恐れがあります。逆に「腸内環境を整える」ことは、ＧＬＰ－１の分泌を高めることにつながると考えられるため、食物繊維をしっかり摂ることも、ＧＬＰ－１の分泌を高める重要な要素です。

また、同じく栄養の項目で述べたように、脂質、特に青魚などに含まれるＥＰＡなどの多価不飽和脂肪酸は、ＧＬＰ－１の分泌を促すことが知られていますが、糖尿病患者を対象とした研究では、米を食べる前に、肉か魚を食べるかによって、ＧＬＰ－１の分泌量に差が出たという報告もあります。その報告によると、肉も魚も、米を食べる前に摂取することで血糖上昇が抑えられるのですが、魚を食べたほうが、血中のＧＬＰ−１の濃度が優位に高値となったことが示されています。

これまでも本書のなかでは、より良い食生活を身につけることの重要性を繰り返し述べてきましたが、こういった研究や文献からも、毎日の食生活によって、あなた自身のＧＬＰ−１分泌を高めることが可能なのです。

［第5章］

# ダイエットのその先——
# 人生を成功に導く魅力
# メディカルダイエットこそ、
# 最高の自己投資

## ダイエットコーチングについて

メディカルダイエットの集大成は、ダイエットしなくても太らず、健康でいられる習慣づくりです。

メディカルダイエットをするうえで皆さんに「目標は？」と聞くと、多くの人はこう答えます。

「○○までに○kg痩せたい」と。

もちろん、明確で具体的な目標があるのは良いことです。

ですが、目標達成に欠かせないのは、根底にある「ゴールのイメージ」です。

あなた自身がなりたい自分をしっかりイメージできているか。それに向かって、あなた自身は日々何をどう取り組んだらよいのか。

そのためには、自分のビジョンと行動をより具体的にしていく必要があります。

あなたは、なぜダイエットをしたいと思っているのでしょうか？　ダイエットを通して、叶えたい姿を具体的に思い描きましょう。

メディカルダイエットの治療期間のあと、あなたはどんなふうになっていたいですか？

そのときのあなたは、どこで何をしていますか？

そのときのあなたは、どんな服装をしていますか？

そのときのあなたは、どんな表情で、誰と一緒にいますか？

ダイエットを通して思いを叶えたあなたの姿を、あなた自身がしっかりゴールをイメージして、それに向かってどう行動するかを、私たち医師と一緒に考えていきましょう。

また、日々の行動についても、あなたが自分でできることを一緒に模索していきます。

例えば、どうしても間食がやめられない人がいるとします。「どうしてやめることができないのか？」それを考える必要はありません。人は、もともと言い訳をいくらでも生み出すことができる生きものなのですから。

そうではなく、「どうすればできるようになるのか？」に焦点を当てる。「できることがあるとすればなんなのか？」それを模索する。

そうやって一つひとつ、患者さんと医師が一緒に考えていくのがダイエットコーチングです。

私はこうしたダイエットコーチングの指導を「一般社団法人　日本ダイエットコーチング協会」の協力を得て専門的な理論に基づき行っています（http://dietcoaching.jp/）。

## メディカルダイエットにおけるクリニック選びの注意事項

医学的なアプローチでスリムかつ健康な身体が手に入るメディカルダイエット。しかし日本はダイエット先進国と呼ばれる米国に比べ歴史が浅く、治療内容や技術にもばらつきがあるのが実情です。

残念ですが、メディカルと謳っていればどこでも最良の治療を受けられるとは限らず、医療機関によって差があるということを知っておかなくてはなりません。

せっかく受けるなら、患者さん側も賢くなって、納得いく結果へと導いてくれるクリニックを選ぶ目を養うことが大切です。

私が考えるところの、良いクリニックを選ぶ目安は次のとおりです。

### ・クリニックの専門性について

ちまたの美容クリニックでも「メディカルダイエット」と称して痩身治療を扱っているところがたくさんあります。この場合は、脂肪吸引や脂肪溶解注射など、美容目的の痩身治療が中心だったりしますが、最近はＧＬＰ－１受容体作動薬の処方をするところも増え、不適切処方の温床となってしまっているところもあります。

ＧＬＰ－１受容体作動薬は美容の薬ではなく、もともと糖尿病の薬でもあります。餅は餅屋。副作用など、万が一のことを考えると、美容外科医などではなく、使用経験豊富な糖尿病専門医などに相談できるクリニックでの処方が望ましいでしょう。

### ・食事や栄養指導をしてもらえるか

前述のとおり、私はダイエットにおいて特に食事を重視しており、バランスのとれた栄養摂取があってこそ、健康的な減量が可能になると考えています。なにより食事は毎日のことですから、ここが整っていなければ治療効果が十分引き出せませんし、減量後もリバウンドしやすくなります。したがって、食事や栄養指導を行っているクリニックを選ぶべきと考えます。

### ・診察せず、薬を処方するだけのクリニックは要注意

薬の効き方には個人差があります。安全かつ確実に治療を行うには、その人の身体のことを知ったうえで最も効果が見込める処方を行う必要があります。血液検査や十分な問診を行わず、オンライン診療の薬の説明だけで一律に薬を処方するところは避けるべきでしょう。

### ・過剰な広告

インターネットなどで治療実績を紹介しているクリニックのなかには、チャンピオンケースと呼ばれる極端な成功例だけを出しているところもあるようです。また、治療で使うＧＬＰ－１受容体作動薬といった薬を「これさえあれば痩せる」「魔法の薬」といわんばかりに、過剰な期待を持たせるような宣伝をしているところは、個別の丁寧な診察、治療が伴うのか疑問に思わざるを得ません。

## 健診や一般採血で異常なしと言われても、過信は禁物

私たちのクリニックへのお問い合わせで時々あるのが、「ほかの美容クリニックでの採血では特に問題ないと言われたから、薬だけ欲しい」「先月の健診では異常がなかったのですが、そちらでも採血が必要ですか？」というものです。

そういったお問い合わせに対して、私たちのクリニックでは、メディカルダイエットに取り組むすべての方に、改めて当院で血液検査を行ってもらうようにお願いしています。

というのも、普通の健診や人間ドックなどの採血では、肝臓・腎臓の機能、コレステロール値や血糖値を調べるのが一般的で、せいぜい20～30項目程度のものを調べるくらいかと思います。これは、明らかな臓器障害や病的な異常がないかどうかを見る、いわば「最低限」の項目です。

しかし、先述したように、血糖スパイクは、一般の健診などでは採血のタイミングによって見逃される可能性がありますし、最低限の項目だけでは、その人の栄養状態を十分評価することまでは到底できません。

「オプティマルヘルス」の話をしましたが、「健診や一般採血で異常を指摘されなかった状態」と、「その人にとっての最適な健康状態」とは、別物なのです。

私たちの提案するメディカルダイエットでは、あくまで「オプティマルヘルス」を目指したダイエットに取り組んでもらうことを想定しています。

そのため、病気の有無を診断するための最低限の項目のみならず、その人の現在の栄養状態の過不足などを80項目以上にわたって、より詳細に、より専門的に評価するため、亜鉛や鉄分、ビタミンＢ群、ビタミンＤの血中濃度や、代謝を調整する甲状腺ホルモン、微小な炎症をとらえる高感度ＣＲＰなども調べます。

これらの結果は、ダイエットに必要な「足し算」の根拠にもなるため、非常に重要な要素なのですが、栄養学的な観点からも、ある程度専門性の高いアプローチや見方を介して結果を解析していくため、当院で施行する血液検査から得られる情報は、一般の採血とは大きく異なります。同じ採血のように見えるかもしれませんが、実は「まったく違う検査」だと思ってもらったほうがよいでしょう。

## 「薬だけで痩せられる」と考える人はメディカルダイエットで失敗する

第2章でメディカルダイエットはきわめて失敗がないと言いましたが、そうはいってもそもそもの趣旨を誤って始めると、失敗してしまいます。

ＧＬＰ－1受容体作動薬に過剰な期待をよせ、「薬だけで痩せられる」と考えていたとしたら、その人はいつまで経ってもお薬に頼り切ってしまい、いつか失敗するでしょう。

確かに、ＧＬＰ－1受容体作動薬は空腹感を軽減し、食欲抑制効果がありますので、比較的ラクに食事制限が可能になります。

ですが、ＧＬＰ－1受容体作動薬は、あくまで自転車の「補助輪」のようなものです。使うことで、転ばずラクに前に進むことができるかもしれませんが、あなた自身に「いつかは補助輪を外そう」という気持ちがなければ、いつまで経っても自転車を乗りこなすことはできません。

あなたが自身の食生活を見つめ直し、体内で分泌される自身のＧＬＰ－1分泌を高めていくことができれば、その「補助輪」はもう必要ないはず。

あなたが「なりたい自分」を叶えるために本当に必要なのは、「補助輪」そのものではなく、補助輪に頼らず、自分の身体でバランスをとり、自分の足でペダルをこぎ、自分の手でハンドルを操作し、目標に向かって進めるようになっていくことではないでしょうか。

そのあたりを十分理解せずにメディカルダイエットに取り組んでも、期待する結果は得られないかもしれません。

## メディカルダイエットで理想の自分に近づいたビフォー・アフター

ここでは、実際に当院のメディカルダイエットを受けた患者さんの症例を紹介します。経過のなかで、ただ単に体重を落とすだけでなく、さまざまな異常や病気が見つかりながらも、それと向き合い、ご自身の健康意識が大きく変わっていく様子を見ていると、私たちも改めて、メディカルダイエットに携わって良かったと思えます。

## Case1　Aさん（30代　男性）

初診時　90・6kg　→　3カ月後　85・4kg　身長165cm

若くして起業し、30代で会社経営者の立場にあるAさん。もともと、どちらかといえばぽっちゃり体型でしたが、特にここ数年のうちに体重増加に拍車がかかり、健康診断でメタボリックシンドロームを指摘されていたそうです。

メディカルダイエットとの出会いは、友人の紹介がきっかけでした。それまで痩せたい気持ちはあったものの、多忙でジムに通う時間もとれそうになく、仕事がらみのお付き合いで外食が多いことから、食事制限をする自信もなかった、とAさん。メディカルダイエットは医師の指導のもと、無理なくかつ効率よく痩せられるとの話を聞き、受診に至ったそうです。

いつもにこにこしていて、穏やかな物腰のAさんは人付き合いも良く、話を聞くと毎晩のように会食の予定が入っているとのこと。お酒も大好きで、つい飲み過ぎてしまうこともしばしば。アルコールが入ると食欲が増すので、夜遅くまで食べてしまうのが常でした。

当院での血液検査の結果、空腹時インスリン値の異常高値、亜鉛欠乏症、コレステロール値と中性脂肪値が異常高値、肝機能障害も認められ、脂肪肝が疑われました。通常の内科診療では、コレステロールの合成を抑えるお薬などを投与され、治療するのが一般的ですが、メディカルダイエットだけでも、これらの異常はかなりの改善が見込めるであろうという判断からダイエットを開始しました。

当院のダイエット計画では、初診時の体重も考慮し、半年でマイナス7、8kgを目標としました。ＢＭＩでいえば、初診時は33・3で中程度の肥満といえます。これを半年後、30・7~30・3、約30を目指そうという計画です。

初診時のデータにおけるインスリン値の異常高値とは、肥満やメタボリックシンドロームの患者さんによく見られる「インスリン抵抗性」が高くなっている状態と考えられます。膵臓からは、十分なインスリンが分泌されているにもかかわらず、インスリンの作用が鈍くなっているのです。インスリン抵抗性があると、筋肉や脂肪組織の糖の取り込み機能が低下し、肝臓では糖新生が抑えられなくなります。その結果、血糖値が下がりにくくなり、さらに多くのインスリン分泌が必要となってしまいます。この状態が長期に続くと、膵臓が疲弊してしまい、そのうちインスリンを分泌する機能が低下し、やがては2型糖尿病になってしまいます。

インスリン抵抗性が高くなる原因はいくつかありますが、主に、運動不足、過食やストレスによるものです。そのためＡさんの場合は、やはり食事量の見直し、ある程度の糖質制限、運動不足の改善が欠かせないであろうという判断になります。

また、Ａさんの亜鉛欠乏症の原因は、ストレスや飲酒によるものが大きいと思われます。亜鉛は、インスリンの分泌や血糖のコントロールにも欠かせないものですが、なかなか食事だけでこの不足を補うのも難しいことが多いです。そのため、メディカルグレード（医療用サプリメント）を用いて、亜鉛は1日あたり30㎎をしっかり摂ってもらうよう指導しました。

導入期では、ＧＬＰ－１受容体作動薬は、副作用の出現の有無を慎重に確認しながら徐々に増量し、1・2㎎のところで食事量がある程度抑えられたことから、それ以上は増量せずに、固定期はそのままＧＬＰ－１受容体作動薬の投与を維持し、適正な食事量とバランスに慣れてもらうように指導を進めていきました。

運動については、できるだけ身体を動かすようアドバイスしましたが、多忙なＡさんはまとまった時間をとれないのが悩み。そこでエムスカルプトを週1回、30分受けていただくことに。筋力の強化を図り、おなか周りを中心に脂肪燃焼を助け、食事とともにダイエットの相乗効果を狙いました。

もともと友人からの紹介で当院に来てくださったＡさん。その友人の手前、途中で挫折するわけにはいかないと、忙しい仕事の合間をぬって通院いただき、エムスカルプトの施術も毎週受けられました。普段の生活でも、ＧＬＰ－1受容体作動薬の効果で我慢せずに食欲が抑えられ、以前ほど食べなくても満腹感が得られるようになったそうです。

Ａさんのそれまでの食事内容をヒアリングしてみると、明らかに全体の食事量がそもそも多いという問題点がありました。というのも、外食が多く、会社経営者という立場上、会食自体を断ることは難しいのです。

そこで、まずは会食以外の朝食や昼食の見直しをしてもらうことにしました。Ａさんの場合は、インスリン抵抗性の高い状態であり、膵臓の負担になるような血糖を極端に上げないために、朝食でも、パンやシリアル、白米やフルーツは極力避けてもらうようにしました。もちろん、それだけだと必要な栄養素が補えないため、代わりに、ビタミンやミネラルが配合された医療用のプロテインドリンクがあるので、それを続けてもらうようにしました。

また、昼食に関しても、主食を減らし、その分魚や肉などのタンパク質を多く含んだおかずを1～2品増やしてもらいました。

あとは、一番の問題、会食への参加です。

会食の際は、食べるものすべてを自身で選ぶことはできませんし、残すにも同席者やお店の人に申し訳ない気持ちがあって残せない。そのあたりをどうすればよいのか、ご本人も非常に気にしていましたので、そこは通常の食事指導に加え、ダイエットコーチングを用いました。

その結果、Aさん自身が導き出したのは、その日の会食で、「アルコールは2杯まで」「付いてくるパンには手を付けない」「締めのパスタの量を少なめにしてもらうよう、事前にお店に伝えておく」という行動目標でした。

後日、ご本人にその会食の様子を聞いてみたところ、アルコールは最初の1杯のみにとどめ、パンにはほとんど手を付けず、パスタも事前に半量で頼むことができ、滞りなく会食を終えることができたそうです。

これは、私たちがこうしなさい、ああしなさいと指示したものではなく、コーチングの結果、Aさん自身が決めて、自分でやってみようと思った行動です。

今回のように、他人から与えられた提案ではなく、ご自身が会食の際に何かできることはないかを考え、それを実践できたということが、Aさんのダイエットに対する大きな自信にもつながったようで、ダイエットや食事に対する考え方も変わって、楽しくなってきたとお話しくださったのが印象的でした。

以前は取引先との会食時に、なんでもおいしそうにたっぷり食べることが場の雰囲気を良くしたり、相手に好印象を与えたりするとの強い信念があり、それが行き過ぎておなかが苦しくなるほど食べてしまうこともしばしばあったそうです。

もちろん、その心掛け自体が良くないということではないのですが、食べる量や食べっぷりの良さだけが会食の成否を決めるわけではない、ということに気づいたそうです。

［図表10］Case 1　Aさんの体重・腹囲推移

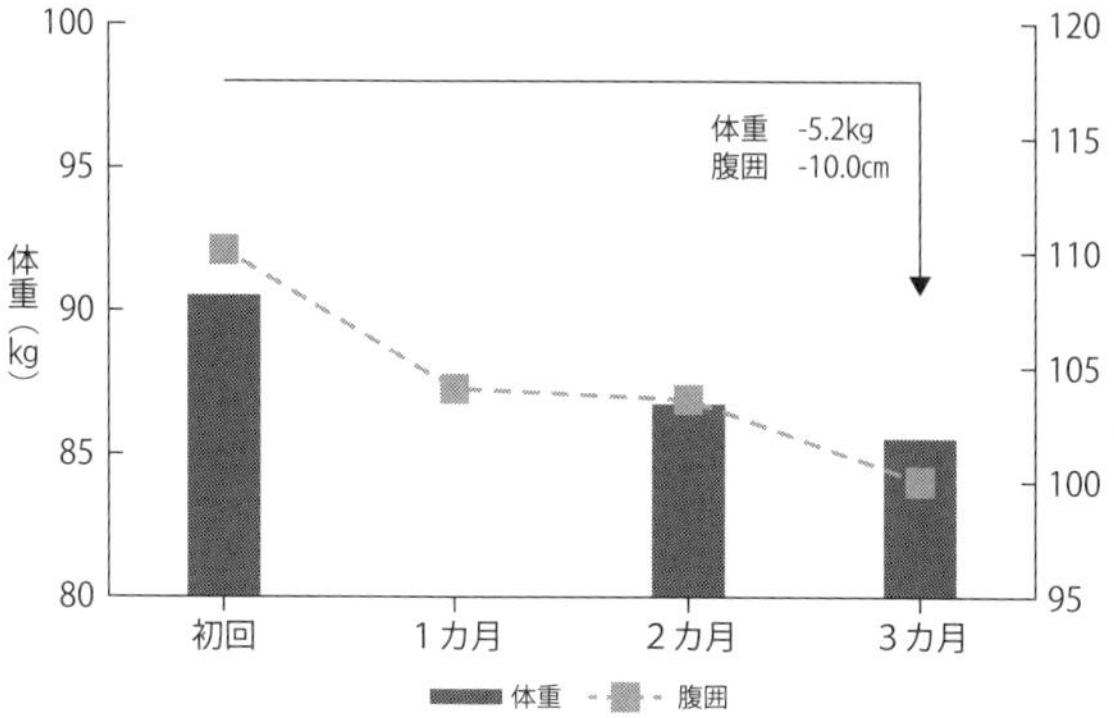


そこそこの量でもしっかり味わい、おいしそうに食べれば場が和みますし、食べてばかりではなく、箸を置く時間ももてば、会話を楽しむ余裕ができ、相手とも良いコミュニケーションがとれるので、結果的に仕事にプラスになっている、とAさんはうれしそうでした。

体重の経過としては、3カ月後の時点でマイナス5・2kgと、順調な推移をたどっています（図表10）。腹囲も初診時からマイナス10㎝となり、着衣がなければ見てすぐ分かるほど引き締まってきました。普段の生活では、まだ周囲から痩せたと言われたことはないそうですが、ご本人は「身体も軽くなってきたし、服もラクに入るようになってきた」と、かなり良い手応えを得ているようです。

ＢＭＩは31・４とまだ肥満の範囲にはあるのですが、あと3カ月続ければ、目標であるマイナス7、8kg、ＢＭＩ30台は達成できる見込みです。

## Case2　Iさん（20代　女性）

**初診時　46・５kg　→　３カ月後　43・３kg　身長１５５㎝**

接客業に従事しているIさん。初診時でもＢＭＩは19・４と決して肥満ではないのですが、話を聞くと、ここ数年でおなか周りに肉がついてきたのが気になり、受診したとのことでした。

人と接する機会が多いこともあり、見られることをいつも意識しているので、少しの変化も見過ごせないとIさん。今までも朝食を抜いてみたり、スムージーなどを食事代わりにしたり、自己流のダイエットに取り組んでみたものの、思うように体重が落ちないばかりか、空腹でふらふらしたりなどで仕事に差し障りが出てしまうこともあったと話します。

普段から便秘気味で、吹き出物や口内炎、抜け毛、肌荒れなどの皮膚のトラブルも気になっているようでした。普段の生活習慣をうかがったところ、対人ストレスからなのか、イライラする、寝付きが悪い、つい間食をしてしまう、夜遅くに食事をしてしまう、しかもラーメンやご飯ものといった炭水化物をよく口にするということが分かりました。

それでは朝食を抜きたくなるのも無理はないでしょう。実際にIさんは、朝になっても胃が重いと感じることが多く、朝食を摂らずに仕事に行くこともしばしばあると言います。

そもそも、夜にたくさん食べてしまうと、朝食を抜いてもダイエットには逆効果になることを、ここまで本書を読んでくださった皆さんには説明せずともお分かりいただけると思います。

Iさんも、頭では夜に食べ過ぎてはいけないと分かっているのですが、就職してからずっとその食習慣が続いており、夜更けにどうしても口寂しくなってしまうとのこと。また、日中もちょっとイライラしたときなどに、甘いものをつまむと気がまぎれることから、デスクの上に飴やチョコなど、何かしら置いていないと落ちつかないとも話していました。

そんなIさんですが、初診時の血液検査を行ったところ、亜鉛欠乏症、鉄欠乏性貧血、低カルシウム血症、ビタミンD不足、ピロリ菌感染など、多くの異常が見つかりました。

亜鉛は、先述したように、血糖のコントロールにも重要な働きをするほか、細胞の新生に関わる酵素の成分となります。皮膚や毛髪の再生にも影響し、女性ホルモンの分泌を活性化する働きもあります。

鉄分は、不足すると貧血の原因になるだけでなく、皮膚や粘膜の代謝やコラーゲンの生合成にも関わる重要なミネラルです。

鉄欠乏は、寝起きが悪い、疲れやすい、湿疹ができやすい、抜け毛が増えるといった症状が出ることもあり、精神や情動にも影響を与え、イライラが増えることもあります。

カルシウムとビタミンDの不足は、骨や歯の代謝に影響が出る恐れがあり、骨粗鬆症《こつそしょうしょう》という病気のリスクになり得ます。健康な骨は中身が詰まっていて、密度が高く、しっかりと丈夫ですが、骨粗鬆症は骨の中身がスカスカになり、密度が低下して骨が脆くなる病気です。

骨粗鬆症は、骨折・寝たきりの原因となるのが大きな問題となりますが、一般的には中高年の女性がなる病気だとされてきました。

ですが最近では、極端なダイエットなどによるカルシウム不足などが原因で、Iさんのような20代の女性でも見られる病気となってきました。

ピロリ菌とは、人の胃内に生息する細菌です。ピロリ菌は、胃炎の原因となり、除菌をしない限り胃内に住み続け、胃の慢性胃炎を引き起こします。そうやって引き起こされた慢性的な炎症により、胃粘膜の防御力が弱まると、ストレスや発がん物質の影響を受けやすくなり、胃潰瘍や胃がんの発症の原因にもなります。

これらの検査結果から、Iさんはさまざまな栄養素の不足が顕著であり、「新型栄養失調」の状態であると判断しました。

Iさんの気にしていた、イライラや肌トラブルも、おそらくその症状の一つと考えられます。

また、慢性的な便秘もあったということで、ピロリ菌感染とあわせて、胃内・腸内環境を整える必要性もあると判断しました。

以上をふまえ、Iさんの場合は、体重にこだわって減量するよりも、むしろ足りないものをしっかり補う必要があることを説明し、まずはピロリ菌の除去治療と腸内環境の改善から取り組むよう提案しました。

というのも、どんなに質の良い食べ物やサプリメントを摂取しても、胃や腸でしっかり吸収されなければ、体内で有効に働きません。また、便秘が改善するだけでも、減量やぽっこりおなかの改善が期待できるからです。

具体的には、ピロリ菌除菌の投薬治療をしつつ、普段の食事では、食物繊維の摂取を促したうえで、乳酸菌生成エキスとグルタミンのサプリメントを服用してもらうようにしました。なお、グルタミンとは、小腸のエネルギー源になり得るアミノ酸の一種です。

その他の栄養素の不足は、亜鉛と鉄、ビタミンDをメディカルグレードで補充し、エネルギー代謝に必要なビタミンB群もあわせてしっかり摂取してもらうようにしました。

また、それに加えて、Ｉさんのおなか周りをすっきりさせたいという希望に応じて、エムスカルプトを2週間に1回のペースで行うことも提案しました。

そのような状態でのダイエット開始から3カ月後の経過をグラフに示します（図表11）。

Ｉさんは体重43kg台、おなか周りはマイナス14㎝となり、スリムなジーンズ姿も決まる

［図表11］Case 2　Iさんの体重・腹囲推移

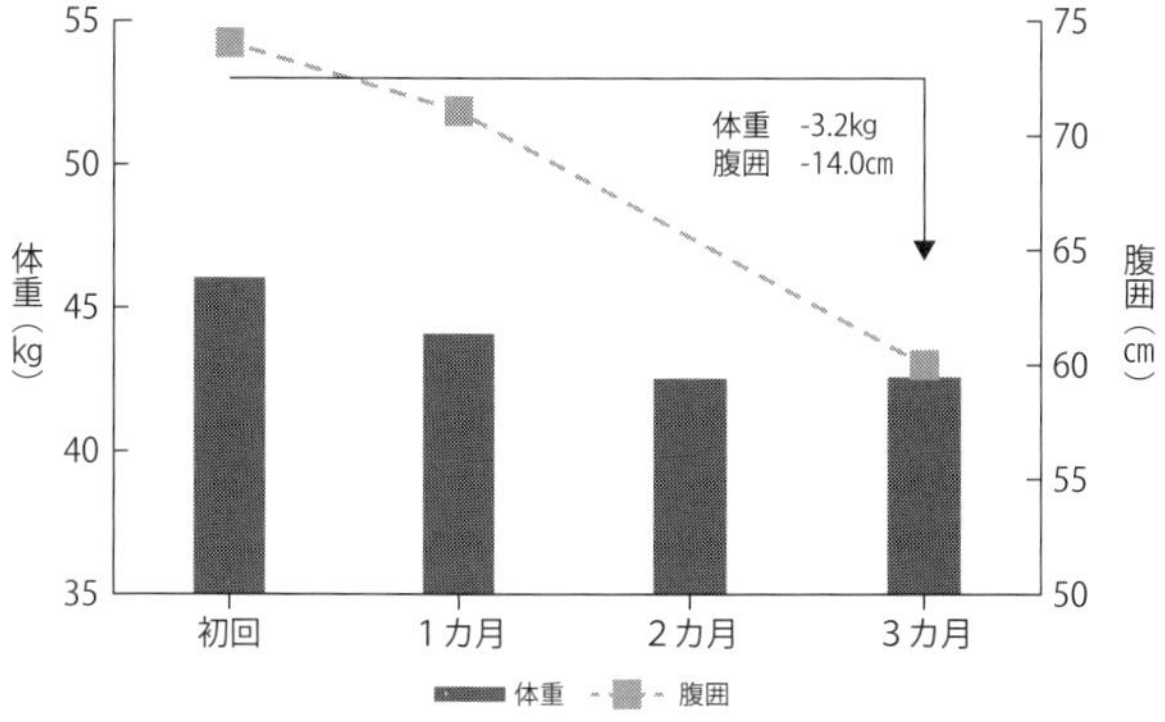


スレンダーな体型を手に入れました。グラフが示すように、体重の減少幅に比べ、腹囲の減少幅が顕著です。Iさん自身は、おなか周りがすっきりとしたことを喜んでいましたが、もう一つ、お通じが良くなったようで、今までは、3、4日に一度しか出なかったのが、毎日出るようになったのも、非常に喜んでいらっしゃいました。

そのほかにも、抜け毛や吹き出物、口内炎が減ったようで、イライラすることも少なくなってきたようです。

Iさんのケースは、エムスカルプトをメインとして、ご本人のご希望どおり「部分痩せ」が叶いました。また、それだけではなく、栄養障害から生じていたと思われる、さまざまな不調がありましたが、それを積極的に補充することで改善することができた良い例だったかと思います。また、骨粗鬆症や胃がんなどの、将来的に大きな病気の原因となり得る状態を早期発見・治療ができた点も、メディカルダイエットならではの利点であったと思います。

## Case3　Mさん（40代　男性）

**初診時　77・7kg　→　3カ月後　69・3kg　身長165cm**

「腹筋が割れるくらいの体型になりたい」。自営業を営んでいるMさんは、引き締まった筋肉質のボディに憧れがあるものの、多忙でトレーニングする時間も取れず、加えて不規則な仕事や外食続きがたたり、40歳を過ぎた頃から肥満が気になってきたそうです。もともとアレルギー体質で、今でも喘息発作が起こったりアトピー性皮膚炎が再燃したりなど、体調の波がやや大きいのも悩みだと話します。

　外食やコンビニで食事を済ませることが多く、食べるものも、おにぎりやラーメンなどの炭水化物が中心で、休憩時間には、コンビニスイーツやアイスクリームなど、間食することも頻繁で、一度に食べる量もついつい食べ過ぎてしまうことが多いとのことでした。

初診時の血液検査では、コレステロール値と中性脂肪値の高値、高感度ＣＲＰ高値、亜鉛欠乏症、ビタミンＤ不足を認めました。

また、血糖値は正常で、ＨｂＡ１ｃという糖尿病の指標となる項目は、基準値内であったものの、１・５－ＡＧという食後高血糖の指標となる項目が低値であったことから、血糖値の上がり下がりが激しい可能性があると判断しました。

高感度ＣＲＰとは、炎症の指標となる項目です。風邪などをひいても、ＣＲＰという数値自体は上がることがありますが、高感度ＣＲＰが高めの場合は、身体の中で、微小な炎症が生じていることを意味し、メタボリックシンドロームの人や肥満症の人では、高くなる傾向にあります。これは、動脈硬化の微小な炎症によるものと考えられていますが、Ｍさんの場合は、アレルギーやアトピー性皮膚炎などもあり、その影響もある可能性があります。

以上を踏まえ、まずＭさんに実施してもらったのは、前章で紹介した持続自己血糖測定です。なぜなら、検査の結果から、食後に急激に血糖値が上がる「血糖スパイク」が起きている可能性が考えられたからです。血糖スパイクの存在は、しばしば普通の血液検査では見落としてしまうこともあります。また、先述のように、高血糖のあとに逆に低血糖になることで、交感神経が刺激されて動悸や疲労感、精神症状が出たり、血糖スパイクが日常的に繰り返されると、肥満・糖尿病の発症につながったりする場合もあります。

　Ｍさんのダイエットのプランとしては、持続自己血糖測定で血糖スパイクの有無を判断しつつ、ＧＬＰ－１受容体作動薬を用いて、食欲の適正化を図りながら、筋肉増強を目的にエムスカルプトを週１回、30分受けていただくという治療計画を立てました。

　なお、ビタミンＤは、カルシウムの代謝に関わる以外にも、最近では、免疫機能を調整する役割が知られています。また、亜鉛は皮膚の代謝を改善してくれる作用が期待できることから、Ｍさんの場合は、アレルギー体質やアトピー性皮膚炎などの症状の緩和も期待できるので、亜鉛欠乏症とビタミンＤ不足については、メディカルグレードを服用してもらうようにしました。

　中性脂肪値の高値と、高感度ＣＲＰ高値に対しては、ω３系の脂肪酸、ＥＰＡ、ＤＨＡ

の積極的な摂取を勧めました。魚油などに多く含まれる良質な脂質は、中性脂肪値を改善させるだけでなく、抗炎症作用もあり、Mさんのようなケースでは、特に重要な栄養素であると考えます。日々のお食事では、極力魚やナッツ類を摂るように勧め、それに適宜メディカルグレードでEPA、DHAを補うようにしました。

なお、持続自己血糖測定をしばらく実施してもらったところ、食後1時間血糖値が、通常１４０㎎／dℓ程度までしか上がらないのに対して、Mさんの場合は１９０㎎／dℓ以上まで急激に高値となることがあることが分かりました。これには、Mさん自身も驚いたようで、これをきっかけに、ご自身のなかで食事に対する意識が変わったようです。コンビニで何かを買うときも、裏面の成分表で糖質やタンパク質の量を意識して選ぶようになったり、食べる順番も、おかずや野菜から先に食べることを、心掛けるようになったそうです。

こうして、メディカルダイエットを開始してたった1カ月で5㎏減（図表12）。腹囲も5㎝弱サイズダウンしました。効果が比較的早く表れたケースといえるでしょう。「こんなにすぐ痩せ始めるなんて」と、Mさんも驚いていました。

　Mさんの場合は、持続自己血糖測定で自身の血糖値が急激に上がるのをグラフで目の当たりにしたのをきっかけに、食生活への意識が大きく変わり、それが相乗効果を発揮したのではないかと推察されます。

　また、治療開始後すぐに手応えを得られたのと、周囲からも「最近、痩せたみたい」「かっこよくなったね」と変化に気づいてもらえて、それがうれしかったと話します。GLP−1受容体作動薬で食欲が抑えられているとはいえ、ついつい間食をしたくなる日もあるようですが、今までのようにコンビニスイーツはやめ、代わりに医療用プロテインやナッツ類、当院でお勧めしている糖質制限のチョコレートなどを摂るようになったそうです。

　その後2カ月目にかけては、やや減量幅が小さくなり、腹囲のサイズもあまり変わらなかったのですが、体脂肪率は順調に右肩下がり。これは身体全体が筋肉質へと変化していることを物語っています。

　Mさんも、以前身体を動かしたときに感じていたおなかやお尻、胸などの〝ぷよぷよし

［図表 12］Case 3　M さんの体重・腹囲・体脂肪率推移

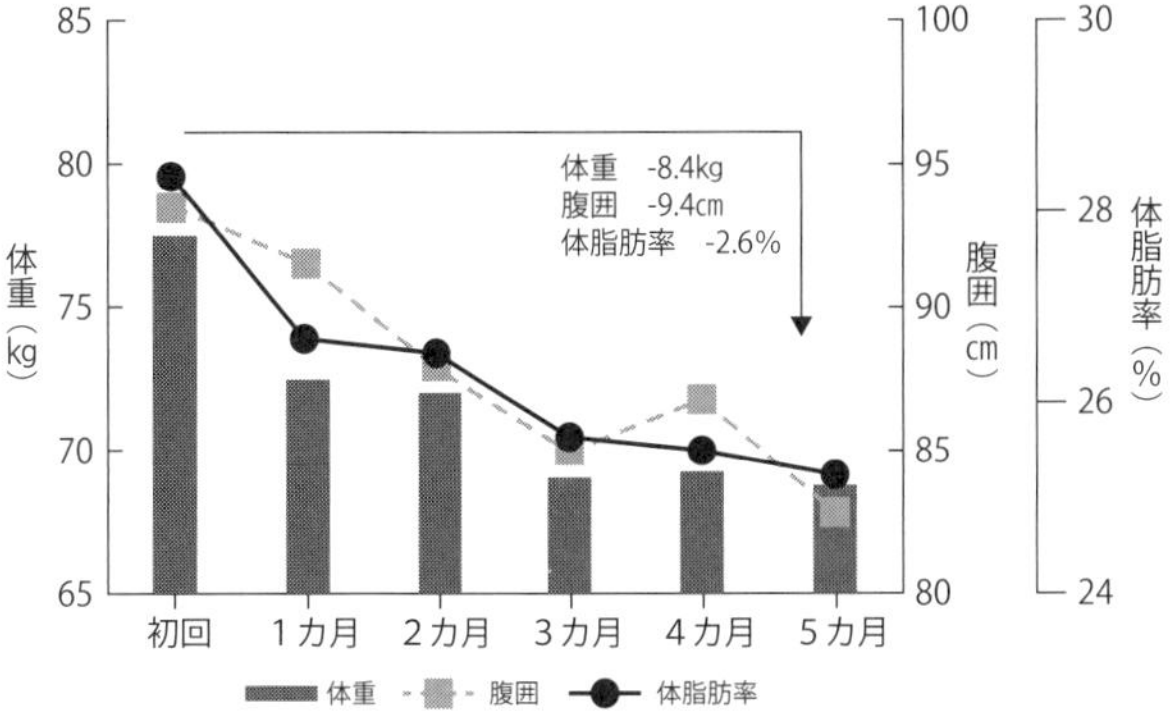


た感じ〟が、2カ月を過ぎた頃からなくなり、動作もきびきびと、姿勢すら良くなったような気がすると話してくださいました。

GLP－1受容体作動薬は、1カ月目を過ぎてから少しずつ量を増やし、1・2㎎を処方するようになってから再び体重が減り始め、3カ月経った時点でマイナス8・4㎏を達成。当初は半年で7、8㎏減を目標としていたので、かなりハイペースで治療効果が表れたといえます。BMIも28・54から25・45になり、ごく軽度の肥満レベルまで改善しました。

なお、3カ月目の血液検査では、中性脂肪の値は劇的に改善し、それまで悩まされていたアトピー性皮膚炎による痒みも少し緩和され、その分、普段感じていたストレスも減ったようです。生活で特に大きく変わったのは、食事や健康への意識のようで、歩いたり運動したりする機会も増えたようです。気力・体力ともに以前に比べて充実感があり、仕事も好調で売上も増えたとのことで、公私ともに充実しておられるようです。

## 生涯医療費２５００万円以上の時代に最も有益な自己投資

ロンドン・ビジネス・スクール教授のリンダ・グラットン氏と、アンドリュー・スコット氏共著の『ＬＩＦＥ　ＳＨＩＦＴ（ライフ・シフト）１００年時代の人生戦略』（東洋経済新報社）が日本で発売されたのは２０１６年。このセンセーショナルな本のなかでは、先進国の２００７年生まれの二人に一人が１００歳を超えて生きるとされ、「人生１００年時代」が提唱されました。

日本でも政府が「人生１００年時代構想会議」を設置し、人生１００年時代を見すえた経済社会システムを創り上げるための政策のグランドデザインが検討されました。

これだけ一人ひとりの人生が平均的に長くなってきた現代では、生涯にわたっての人生設計もこれまでとは異なってきています。

一昔前なら、サラリーマンであれば定年まで働き、あとは年金で余生を過ごす、男性であれば平均寿命70歳であれば、60歳定年でもそのあとの人生は10年について考えておけばよかったかもしれません。女性も一生、家庭に入ったあとは夫に付き添うという価値観がまだ優位だったかもしれません。

しかし、１００年時代の現代では、こうした考え方は大きく変わってきています。例えばお金の面で言えば、定年後も年金だけで暮らしていけるのだろうかと、将来の生活の不安を解消するために投資をする人が増えています。政府もこれをあと押しするように、投資信託や投資への税制優遇なども始めています。

２０１３年に厚生労働省が発表したデータによると、国民一人が生涯で必要となる生涯医療費は、一人あたり２５６６万円になるとされています。

こうした現状を考えてみても、将来のための貯蓄も大事ですが、将来にわたるあなたの身体の健康こそ、最も投資すべき対象ではないかと私は思います。

本書は、ダイエットがしたい人のために向けて書いた本ですが、あなたにはぜひともダイエットをきっかけに自身の健康というかけがえのない財産を手に入れるための自己投資としてとらえてほしいと思っています。

## メディカルダイエットで美的資本（エロティック・キャピタル）を増やせ

私たちの提唱するメディカルダイエットでは、健やかな心身を取り戻し健全な生活習慣が身に付くよう、治療や指導を行います。また、無理なく続けられるようにコーチングも行っています。

不思議なものですが、ほとんどの人はダイエットに成功し、食事をはじめとする生活が整い、体重のコントロールが自分でできるようになると、体重や体型のことだけでなく、どうしたら自分が最も自分らしく輝いていられるか、オンもオフも、対人関係もうまくいくか、ひいては生きやすくなるかも自ずと分かってきます。

人は以前の自分と変わることで多くのものを得ているようです。変われた自分を確認することで、人はどんどん自信を持つことができるようになり、人生を楽しむことに、より前向きになっていきます。

すると、単にダイエットに成功するだけでなく、その人の魅力もどんどん増していきます。実際、私がこれまでに見てきた患者さんたちはそのようになっていきました。

私は、メディカルダイエットは健康的に痩せるだけでなく、その人の「エロティック・キャピタル」の蓄積にもなっているのではないかと考えています。

エロティック・キャピタルとは、人を惹き付けずにはいられない溢れ出る魅力を表す言葉として、イギリスの社会学者が提唱したものです。性にとらわれない人間としての魅力、人を惹き付ける資質を表しています。「美的資本」と訳されることもあるようですが、単に見かけの美しさだけを指しているのではありません。外見的な美しさに加え、ファッションセンスや振る舞い、社交性といった、他者へのアピールや対人スキルも含めた美しさのことを意味します。

皆さんの周りにこんな人はいないでしょうか。

「いつも人に囲まれている」「自然に人が集まってくる」「とにかくよくモテる」「すぐに仕事が見つかる」「よく幸運に恵まれる」……。シンプルに言えば、「あの人はついている」「運を味方につけている」でしょうか。でも、その人は決して「運が良い」だけの理由で幸せそうにしているわけではないのです。

自分の魅力を磨き、それをあますところなく発揮しているからこそ、その魅力に惹かれ、人が集まってくるのです。ひいては、そこからさまざまなチャンスが生まれ、人生を良い方向に持っていくことができているのです。

このエロティック・キャピタルを身につけている人は、そうでない人より社会的にも経済的にも有利であるともいわれています。まさに、エロティック・キャピタルは、あなたの一生にわたる、最大の「武器」であり、「財産」になるといえるでしょう。もちろん、こうした魅力は周囲を惹き付けるだけでなく、自信にもつながります。人生100年時代ともいわれる現代、まだまだこの先に長い人生が待っています。そのなかで、良い人間関係に恵まれることや、自信を持って行動していくことが、いかに楽しく、自分の納得ができるように、充実した時間を送れるかを決めていくのではないでしょうか。

## ココロもカラダもシュッとする――心のダイエット、マインドフルネス――

第2章で、ココロは神経伝達物質や脳内ホルモンの働きであり、栄養とも関連が深いことを述べましたが、私たちは、このストレス社会をしなやかに生きていくため、カラダだけでなく、ココロも最適な状態に日々ケアしていくことが必要です。

私たちは皆、いろいろなことを考えながら毎日を過ごしており、過去を振り返っては「後悔」にさいなまれ、未来に目を向けては「不安」に駆られて日々を生きています。「あの時、失敗してしまったな」「明日のプレゼン、うまくできるかな」などささいなことから大きなことまで、生きている限り悩みは尽きません。

そういったいろいろな悩みやネガティブな思考は、しばしば「反芻思考」と呼ばれ、私たちの頭の中をぐるぐると何度も渦巻いて離れず、そのせいで脳は常にフル回転状態となり、それが続くと、「脳疲労」の状態となってしまいます。

そして、この「脳疲労」が蓄積すると、自律神経失調症やうつ病などの原因になったりすることもあるのです。

ですが、だからといって「過去のことも未来のこともネガティブに考えるな」と言われても、なかなかできるものではありません。むしろ実際は「考えるな」と言われれば言われるほど、ネガティブな考えやイメージが湧いて離れなくなってしまう人がほとんどでしょう。

そんなとき、私たちは「食事の摂り方」のところで紹介したマインドフルネスをお勧めしています。「マインドフルネス」の起源は2500年前の仏教にさかのぼるのですが、1970年代にマサチューセッツ大学教授のジョン・カバットジン氏により、慢性疼痛患者のストレス低減法として、精神科領域の治療に導入されて以降、うつ病の再発予防などに臨床に用いられるようになってきました。近年では、マインドフルネスに関するさまざまな研究や報告が盛んになり、うつ病の再発予防効果をはじめ、さまざまな効果が医学的に実証されるようになってきています。

マインドフルネスは、「今その瞬間に意識を集中する」「身体感覚に集中する」ことで、過去の後悔や未来への不安など、頭の中に浮かんでくるさまざまな「雑念」を打ち消すように「心にこびりついた余計な思いを洗い流す作業」です。

この「身体感覚に集中する」とは、呼吸でいえば、空気を吸い込む際には「胸郭が広がり、肋骨と肋骨の間が広がってきた」「胸からおなかにかけて膨らんできた」、空気を吐き出す際には「空気が口を通って出ていっている」「おなかがへこんできた」などです。

「感じることに意識を向ける」「感覚に集中する」、それは一言で言えば、武道家ブルース・リーの映画『燃えよドラゴン』の名ぜりふ「考えるな、感じろ」に近いかもしれません。

実際のマインドフルネスのやり方を簡単に紹介しておきます。

①背筋を伸ばし姿勢を正して、椅子に浅く腰掛けます。
②膝の角度は90度くらい、足裏全体を地面に付けます。
③肩の力を抜き、下腹部を少し前に出しましょう（軽く胸を張る感じになります）。
④手を軽く膝の上に置き、目は閉じます。
⑤息を鼻からゆっくり吸い込み、おなかが「膨らむ」のを意識的に感じます。
⑥息は口から吐きます。おなかが「へこむ」のを意識的に感じます。
⑦おなかの膨らみとへこみを意識しながら、呼吸に集中します。
⑧呼吸以外の雑念が浮かんできたら、まずはその状態に「気づく」ことです。
⑨「気づく」ことができたら、再び呼吸に意識を戻します。
⑩①～⑨を繰り返します。

大切なのは、雑念が浮かんでもそれ自体が悪いわけではなく、雑念が浮かんだ自身の状態に「気づく」ことです。そして、その雑念を無理に振り払おうとしないことです。雑念は「振り払う」のではなく、呼吸という一つのことに集中することで、結果的に雑念を「手放す」ことにつながります。

最近では、精神科の治療に限らず、多くのアスリートや政治家、著名な経営者も、このマインドフルネスを習慣に取り入れて、日々の集中力を高め、パフォーマンスの向上に努めていることが知られています。

本書では、ダイエットは、主にカラダの状態の「最適化」であることをお伝えしてきましたが、このマインドフルネスとは、「ココロの最適化」を目指す、いわばココロのダイエットのような新しい「習慣」だと私たちは考えています。

皆さんも、まずは毎日5分からでもよいので、適切な食生活に加えて、このマインドフルネスの習慣を身につけてみてはいかがでしょうか。

なお、マインドフルネスは、書面ではなかなかお伝えすることが難しい概念かもしれません。興味のある方は、私たちのクリニックにお問い合わせをしていただければ、詳しくご紹介します。

## 健康がすべてではないが、健康を失うとすべてを失う

ｉＰｈｏｎｅなどで知られるＡｐｐｌｅ社の創始者スティーブ・ジョブズ氏は、56歳の若さで亡くなりましたが、その死因は、膵臓にできた神経内分泌腫瘍という病気でした。この病気は、本来なら、早期に発見・手術すれば回復する可能性が高かったにもかかわらず、彼は自然療法や東洋療法などにこだわり、診断から９カ月もの間、手術を拒み続けていました。

その後、妻や周囲の説得で手術を受けることにしたものの、その間に病状が進行し、肝臓などほかの臓器への転移などの病状の悪化につながったとされ、晩年には、手術をもっと早くに受けるべきだったと後悔していたといいます。

ビジネス界で成功の頂点に君臨したジョブズ氏も、生前に築いた巨万の富や物質的な豊かさでさえも、自身の死を前にしてはなんの意味もないものだと感じていた、という話が

あります。本当にジョブズ氏が、死の直前にそのような言葉を残したかどうかはともかく、「生」と「死」については、すべての人に等しく関わる事象です。

本書では、ダイエットの目的は「体重を落とす」ことではなく「健康」であるべきだというお話をしてきました。

しかし、ダイエットのその先の、あなたの「人生」そのものを考えたとき、健康は「目的」というよりは、「最初の条件」と言うべきものなのかもしれません。

## ダイエットとその先のゴールへ

ＷＨＯ（世界保健機関）の健康の定義は、

「Health is a state of complete physical, mental and social well-being and not merely the absence of disease or infirmity（健康とは、病気でないとか、弱っていないということではなく、肉体的にも、精神的にも、そして社会的にも、すべてが満たされた状態）」とされています。

ここでいう「社会的な健康」とは、「社会の中でなんらかの役割を持ち、他人に必要とされつつ自身の居場所があると実感でき、周囲の人と支え合う関係を築ける状態」だと、私は考えています。要は「生きがい」や「生きる意味」を社会のなかで見出せるということではないでしょうか。

オプティマルヘルスという概念の話をしましたが、本当に「心身が満たされた状態」というものを改めて考えてみると、「仕事に満足し、家庭や人間関係、経済状況など生活全般に憂いなく、いつでも前向きの姿勢で何事にも取り組めるような精神および身体的状態」と解釈できるのではないか、と私自身は考えています。

皆さんにとっての「真の健康」とはどのような状態でしょうか？

私たちは、メディカルダイエットを、単なるダイエットとして終わらせるのではなく、「真の健康とは何か？」といった本質的なところまで、一人ひとりに考えていただくきっかけになれば、たいへんうれしく思います。

そして皆さんも、真の健康を手に入れたさらにその先の、ご自身の未来に目を向けてください。

さあ、あなたは、ダイエットのその先にある人生を、なんのために生き、どんな生き方・生きざまを目指したいと思っていますか？

## あなたの健康や幸せは、あなただけのものではない

きっかけは、ダイエット。夏に向けて美しく水着を着たい。昔のジーンズをはきたい。そんなささいな思いから、気軽にダイエットを始めてもらってもいいと思いますし、多くの人のダイエットの動機は、「自分のため」「自己満足」の部分が大きいのではないかと思います。もちろん、それで構いません。

ですが、家族であれ、友人であれ、職場の人であれ、人は誰かしら他人と関わりながら生きています。あなたが生きている限り、あなたの存在、あなた自身の健康状態は、あなたと関わりを持っている周囲の人にも、なんらかの影響を与えることになります。

私たちは、ついつい健康を「自分だけのこと」と考えたり、逆にまったくの「他人事」のようにとらえてしまいがちです。しかし、もしあなたが体調を崩してしまったり、それがきっかけで大病を患ってしまうと、あなた自身が苦しいだけでなく、あなたの周りの人たちにも悲しい思いをさせたり、看病や介護でつらい思いをさせてしまったりするかもし

れないということも、忘れてはいけません。

もし、あなたが、自分のためだけでなく、大切な誰かのためにダイエットをしたいと心から思えたのなら、あなたが得られる成果は、単なる「自己満足」にとどまらず、もっともっと人生にとって有益で価値のあるものを手に入れることができるのではないでしょうか。

私たちのクリニックは、「健康にコミットする」メディカルダイエットの指導に日々取り組んでいます。

そして、このメディカルダイエットを通して、一人ひとりが自律的に健康の維持と向上に努め、本人だけでなく、その人に関わるすべての人が、心身ともに豊かに関わり合い、最適な生き方が選択できるような社会になることを願ってやみません。

# おわりに

「患者さん一人ひとりに、じっくりと向き合える医師になりたい」

私は開業医である父の影響を受け、自分も医師の道を志すようになりました。

当初は父と同じ泌尿器科医を目指し、専門医資格も取得したのですが、一方であまり専門を狭めず、より広く患者さんのニーズにこたえられる医師になりたいとの思いを学生時代から抱いていました。そのため、救急医療などの経験をしたのち、地域の総合病院で研さんをつみながら内科認定医になるなど、少しずつフィールドを広げていったのです。

地元・広島県福山市で父の医院を継ぎ、プライマリケア（総合診療医）の開業医に、との構想もありましたが、自分でクリニックを立ち上げてみたいとの思いが勝り、大阪の中心、梅田に開院したのが2013年のことです。

そこでは泌尿器科専門医の知見も活かし、男性特有の症状を中心に診療。おかげさまで開院7年にして日に100人もの患者さんが頼ってきてくれるクリニックに成長しました。

梅田は男女問わず、ビジネスパーソンが多く集まる地域。生活が不規則になりがちな人、栄養状態が偏っている人も多く、肥満や高血糖等のいわゆる生活習慣病にかかっている人も、当院の患者さんには多く見受けられました。

生活習慣病があると、動脈硬化などが性機能低下にも関わってきます。肥満は万病のもと、なんとかしなければ……。そうした思いを強くし、人の健康全般を底上げするために、肥満治療はとても意味のあることではないかとの思いに至り、栄養学や内分泌系の勉強にも取り組むようになりました。そして２０１９年、糖尿病専門医とともに、メディカルダイエット専門のクリニックを新規開院したのです。

「ダイエットは単なる減量ではなく、健康にならなければ意味がない」という私の信念はこうした経緯によるものです。

もう一つ、診療を通して感じたことがあります。それは「ストレスを抱えメンタル面に不調をきたしている人がいかに多いか」です。梅田というビジネス街の土地柄もあるのかもしれませんが、診療で身体の不調や病気について問診していても、過重労働による疲れや人間関係の悩み、将来への不安などを口にされる患者さんが大半だったのです。

医師として心の問題にも取り組まなければ、患者さんの本当の問題解決にはならないのでは……と思い、それからはマインドフルネスやコーチングの勉強も始めました。

私のメディカルダイエットクリニックは、私が今までに得てきた、そして今も勉強し続けている、心身両面に対するアプローチで、「患者さんが健康になること」になにより重きをおいた治療を行っています。

本稿でも述べたとおり、ダイエットは治療後、つまり減量を達成したあとのほうが大事との考えにゆるぎはありません。それは適切な食生活や運動習慣などによる健康管理の面でもそうですし「減量して、あなたはどうなりたいか」「どんなことをしてどのような人生を送りたいか」を考え、チャレンジする力を養うという意味でもです。

そのために、皆さんには普段から健康にもっと関心を持っていただきたいですし、過去の後悔や未来の不安にとらわれない「〝今〟にしっかり足をつけた」心持ちも、ぜひ自分のものにしていただけたらと思います。

最後までお読みくださり、ありがとうございました。

## 平山 尚（ひらやま たかし）

医療法人奏仁会理事長
大阪梅田紳士クリニック院長
1977年生まれ。2003年大阪医科大学卒業。泌尿器科専門医、総合内科専門医、NTI認定栄養コンサルタント。福山市民病院など複数の医療現場を経験したのち「医療を通して働きながら健やかに生きる」社会を目指し、2013年に大阪梅田紳士クリニックを開院。現在は年間3万人を超える男性患者に対し、泌尿器科・内科の両面から、EDをはじめさまざまな心身のトラブルについての診療・治療を行っている。2019年からは大阪梅田健美クリニックの診療・栄養指導も担当している。

## 長谷田文孝（はせだ ふみたか）

大阪梅田健美クリニック院長
南星クリニック副院長
1977年生まれ。2003年大阪医科大学卒業。阪和住吉総合病院に内科医として勤めたのち、大阪医科大学附属病院に糖尿病内科専門医、総合内科専門医として勤務。その後、高岡南星クリニックの副院長、2019年に大阪梅田健美クリニックの院長に就任し、医学的根拠に基づいたダイエットを提供している。

本書についての
ご意見・ご感想はコチラ

# 本気で痩せたい人のための
# メディカルダイエット

二〇二〇年一一月二〇日 第一刷発行

著　者　平山 尚　長谷田文孝
発行人　久保田貴幸
発行元　株式会社 幻冬舎メディアコンサルティング
〒一五一-〇〇五一 東京都渋谷区千駄ヶ谷四-九-七
電話 〇三-五四一一-六四四〇（編集）
発売元　株式会社 幻冬舎
〒一五一-〇〇五一 東京都渋谷区千駄ヶ谷四-九-七
電話 〇三-五四一一-六二二二（営業）
印刷・製本　シナノ書籍印刷株式会社
装　丁　長谷川沙恵

検印廃止

Printed in Japan　ISBN978-4-344-93072-8　C0047
幻冬舎メディアコンサルティングＨＰ　http://www.gentosha-mc.com/